网海扬帆

——与中学生朋友畅行网络

⊙廖浩尧　郭仲书　杨光荣　编著

湖南师范大学出版社

图书在版编目（CIP）数据

网海扬帆——与中学生朋友畅行网络/廖浩尧，郭仲书，杨光荣编著. —长沙：湖南师范大学出版社，2010.1

ISBN 978-7-5648-0138-0

Ⅰ. 网… Ⅱ. ①廖…②郭…③杨… Ⅲ. 计算机网络—影响—青少年—研究—中国 Ⅳ. D669.5 TP393

中国版本图书馆 CIP 数据核字（2010）第 001892 号

网海扬帆——与中学生朋友畅行网络

◇编　　著：**廖浩尧　郭仲书　杨光荣**

◇责任编辑：颜李朝
◇责任校对：胡晓军　旷喻民
◇出版发行：湖南师范大学出版社
地址/长沙市岳麓山　邮编/410081
电话/0731.88853867　88872751　传真/0731.88872636
网址/http：//press. hunnu. edu. cn
◇经销：湖南省新华书店
◇印刷：长沙利君漾印刷厂

◇开本：880×1230　1/32
◇印张：7.5
◇字数：194 千字
◇版次：2010 年 1 月第 1 版　2010 年 1 月第 1 次印刷
◇书号：ISBN 978-7-5648-0138-0
◇定价：25.00 元

序 言

“源静则流清，本固则丰茂；内修则外理，形端则影直。”

“修养”一词原意包括修身养性、反省自新、陶冶品行和涵养道德。马克思主义赋予其新的含义，就是要进行自我教育、自我改造。个人修养给中学生健康成长带来积极作用和深远影响，而这种积极作用和深远影响的无可替代性，又表明个人修养对中学生学习生活、社会生活，乃至整个人生都具有重要意义。无数教育实践证明，中学生的个人修养，既需要他们自身具有强烈的自我修养意识，并进行坚持不懈的自我修养实践，又需要学校、家庭、社会尤其是广大教育者从促进中学生全面发展的高度给中学生个人修养创造良好环境、提供有益引导。

网络社会是一个不同于农业社会、工业社会的人类社会形态。它以计算机网络技术的迅速发展为标志，以电脑工具对人们社会生产生活的剧烈影响为内容，是当代中学生学习生活的社会环境之一。这就意味着中学生的学习生活离不开网络，中学生的健康成长、全面发展、个性塑造、人格健全也离不开网络。而当今社会，网络逐渐成为人们最为重要的生产生活工具，中学生对网络的认识、掌握和利用，已成为了当代中学生学习生活、个人修养的必修课。但网络永远是一柄双刃剑，它在给中学生健康成长带来积极影响的同时，也给中学生健康成长带来了诸多消极影响。怎样最大限度地发挥网络的积极影响，制约网络的消极影响，无疑成为了当今中学生个人修养的主要内容和成败关键。

在当前我国国内尚无关于“中学生与网络社会”系统分析和专门论述的书籍出版情况下，《网海扬帆——与中学生朋友畅行网络》一书确实开了领域之先，为后来实践者提供了不可或缺的指导作用。

全书共 5 章，以“认识网络”、“直面网络”、“分析网络”、“驾驭网络”为中心内容，以“个人修养”、“守望自我”为线贯穿而成，每章由若干小标题独立成篇，步步深入、层层展开，其中或有发人深省的数据和事例，或有创意性的探索和思路，或有启发性的观点和材料，是值得我们教育工作者认真研究和借鉴并努力实施于教育实践中的。

作者廖浩尧，一位有志于为教育事业作出贡献的有为青年，利用自己掌握的深厚计算机专业知识，结合自身求学成功经历，主持编写了这本对中学生德育教育颇具指导意义的书籍，这是当代青年关注教育、关注社会、关注人生的一种积极的、有益的探索，其精神和勇气实属难能可贵。作者郭仲书、杨光荣两位同志，从事多年教育教学研究工作，特别是着手多年的中小学德育工作研究，对青少年学生思想动态有较为深刻的把握，同时也积极地进行了多方面的探索，颇有心得。我认为，这本书是三位优秀青年对当前网络社会教育重点和学校德育教育热点的深刻思考，也是他们求学和工作十余年时间的思想升华。作者深沉厚实的人文智慧、豁达求真的精神品位和文质优美的表达风格跃然纸上，字里行间折射出与时俱进、勇于探索、推陈出新的进取精神和敢为人先、立意高远、境界广阔的创新精神。承之盛情，嘱我为他们的新书写几句话，故勉力为之，是为序。

周晓

2009 年 12 月 5 日

前 言

当人类社会步入网络时代，就会发现中学生与网络之间存在很多契合点，正是这些契合点使中学生对互联网“一网情深”。网络虽然向社会展示了其众多绚丽之处，也令人备感惊喜，但是，不少中学生上网后的失色表现却使人备感担忧。联想到不少周围网络环境中中学生的状态与表现，我们编著《网海扬帆——与中学生朋友畅行网络》一书，试图就中学生与网络的不解之缘作些有限但不乏意义的探索。

就全书的内容和结构来看，具有以下特点：

1. 内容上的特点

“一个中心”——在网络社会中，中学生如何凭借网络所提供的便利进行全面发展、个性塑造和自我修养。

“两个基本点”——网络给人类（中学生）的积极影响和消极影响。

“三个能力”——中学生在网络社会中必须具有适应力、自制力和判断力。

“四个认识”——认识网络的特点和发展过程；认识网络给中学生带来的利弊；认识沉迷网络的危害；认识“网瘾”的特点和危害。

“五个重点”——网络是一个虚拟的世界；未成年人严禁进入营业性网吧；中学生在两难境地中的选择；中学生上网的前提和原则；正确认识和合理利用网络来健全人格、完善自我。

2. 结构上的特点

（1）采取层进式结构

全书共分5章，各章节围绕全书的内容重点，围绕“中学生认识网络——直面网络——驾驭网络——守望自我”的逻辑结构层层推进。每章又各有侧重：第一章“认识网络”，这是中学生了解网络的第一课；第二章“直面网络”，这是中学生在了解网络的基础上进一步认识网络的首要问题；第三章“网络的精彩与困惑”，这是中学生认识网络、直面网络时，必须清醒对待、冷静分析的重要问题；第四章“驾驭网络”，这是中学生深入认识网络、直面网络、利用网络的必修课；第五章“守望自我”，这是中学生直面网络、守望自我的落脚点和归宿。先后5章内容，步步推进，层层展开，每一章节既有重点，又与其他各章密切相连，使全书成为了一个内容完备的体系。

（2）注重各章结构的衔接和内容的渗透

书的前两章从网络自身特性入手，强调网络促进人类社会发展和冲击人类社会生活的普遍性和一贯性；后三章着重从中学生的角度入手，告诉他们在网络社会中和网络环境下，如何利用网络给他们带来的积极影响来完善自我，怎样限制网络给他们带来的消极影响来守望自我。在后三章中，着重讲述了中学生沉迷网络现象的根源，中学生“网瘾”的危害和心理救助方法，未成年人进入营业性网吧的治理，以及网络社会中学生个人修养内容及途径等，各章内容注意了相互间结构上的衔接和内容上的渗透。这样就使全书成为了一个有机的整体，紧凑而有条理。

当然，这里对“中学生在网络社会中怎样保持本色、守望自我”，“中学生如何在网络社会中、网络环境下全面发展、塑造个性”等问题的提出、分析和阐述，只是我们对在网络冲击下，当今中学生的自我生存、自我学习、自我发展、自我完善等问题的一点尚不成熟的思考，只是对网络环境下中学生教育问题的一点尚待实践证明的探索，还有待在今后的教育实践中逐渐完善。衷心希望得到教育专家的赐教和教育同仁的建议。不胜感激！

编　者

2009年10月5日

目 录

第一章 认识网络 …………………………………………（001）
一、网络的概念 ………………………………………（002）
二、网络发展简史 ……………………………………（006）
三、网络的特点与功能 ………………………………（009）
四、网络——人类社会发展的里程碑 ………………（013）
五、网络——社会信息民主化的体现 ………………（020）
六、网络——人类文明进步的产物 …………………（027）
第二章 直面网络 …………………………………………（032）
一、网络与生活 ………………………………………（033）
二、网络与人际关系 …………………………………（041）
三、网络下的生活节奏 ………………………………（048）
四、网络下的思维方式 ………………………………（053）
五、电脑与人脑 ………………………………………（061）
六、中国特色的网络文化 ……………………………（066）
第三章 网络的精彩与困惑 ………………………………（071）
一、网络为我们的全面发展提供了巨大空间 ……（072）
二、网络为我们的个性塑造提供了广阔舞台 ……（080）
三、网络影响着我们的学习生活 …………………（087）
四、你沉迷网络吗 ……………………………………（092）
五、友谊能让我们远离孤独 …………………………（103）
六、对网络诱惑说“不” ……………………………（110）

第四章　驾驭网络 ……………………………………（118）
一、走出认识网络的两大误区 ……………………………（119）
二、正确的选择能让我们更好地利用网络 ………（129）
三、你患上了"网瘾"吗 …………………………………（140）
四、"网瘾"改变了我们什么 ……………………………（150）
五、根治"网瘾"的三剂良方 ……………………………（160）
六、网络社会——完善自我的平台 ……………………（173）
第五章　守望自我 ……………………………………（189）
一、明确上网的前提和原则 ……………………………（190）
二、保持清醒的头脑 ……………………………………（200）
三、遵守社会主义道德 …………………………………（207）
四、养成良好的习惯 ……………………………………（214）
五、保持本色、守望自我 ………………………………（222）
后记 ………………………………………………………（231）

什么是网络？计算机网络有怎样的特点和功能？它在世界和中国又各有怎样的发展轨迹？计算机网络的出现和发展给人类社会的发展、社会信息的民主化、人类文明的进步又带来哪些影响？怎样充分认识网络积极的社会意义？这些问题都是处于现实网络社会中和现实网络环境下的我们，怎样去认识网络、直面网络的第一课。

第一章

认识网络

一、网络的概念

提示

1. 作为一种客观存在的网络，我们务必首先要认识它的本质——关联个体组成的系统。

2. 计算机网络只是网络的一种，但人们习惯上把网络作为计算机网络的特定所指和通俗所指。

3. 人们生活中常见的电脑就是一种计算机网络，它是人们学习和工作的一种工具。

随着科学技术的日新月异，人民生活水平的迅速提高，社会信息的日趋丰富与多元，“网络”这一客观的社会存在被越来越多的人所关注和重新审视，网络也走进了越来越多人的生活。认识网络，就应该首先从网络的概念、计算机网络的构成要素与发展阶段等方面入手。

1. 什么是网络

网络一般有以下几种：

（1）流量网络（Flow Network）也简称为网络（Network）。一般用来对管道系统、交通系统、通讯系统来建模。有时特指计算机网络（Computer Network），或特指其中的互联网（Internet）由有关联的个体组成的系统，如人际网络、交通网络、政治网络等。

（2）由节点和连线构成的图。表示研究诸对象及其相互联系。有时用带箭头的连线表示从一个节点到另一个节点存在某种顺序关系。在节点或连线旁标出的数值，称为点权或线权，有时不标任何数。

（3）用数学语言说，网络是一种图，一般认为它专指加权图。网络除了数学定义外，还有具体的物理含义，即网络是从某种相同类型的实际问题中抽象出来的模型，习惯上就称其为什么类型网络，如开关网络、运输网络、通信网络、计划网络等。网络是从同类问题中抽象出来的用数学中的图论来表达并研究的一种模型。

从上述对于网络的种种解释中，不难看出无论网络是哪一种图，还是哪种模型，它都体现出相关联的两种或两种以上事物之间的相互关系，它能成为一个独立的系统。

任何网络都应具有以下特征：

（1）表明网络间事物个体的关系。

（2）是一个不受外部干扰的统一的整体。

（3）可以也可能与其他的一个或几个形成了系统的网络组成一个更大的系统。

在现代网络社会中，人们“老死不相往来”早已成为历史，交往与沟通、信息的传播与互通有无，使得网络成为了维系人与人之间、个人与社会之间关系的重要系统。同样在现代网络社会中，人与人之间的关系被各种各样的社会网络所维系。尤其是在 20 世纪 40 年代，当世界上第一台计算机出现后，越来越多的人更深刻地明白了网络的重要性和通过网络进行交流与沟通的迫切性。并且，在习惯上人们把计算机网络称为网络，使网络成为了计算机网络的一种特定称谓和通俗称谓。

2. 计算机网络的定义

计算机网络是用通信线路和通信设备将分布在不同地点的多台自治计算机系统互相连接起来，按照共同的网络协议，共享硬件、软件和数据资源的系统。

由此可见，计算机网络是：

（1）一种系统，由这样的系统组成的网络，具有网络的所有特征。

（2）一种工具，这种工具是由人制造出来并由人使用的。

（3）一种社会客观存在，这就要求人类要调动和发挥自己的主观能动性，去认识它、掌握它、利用它。

3. 实现计算机网络的四个要素

（1）通信线路和通信设备。

（2）有独立功能的计算机。

（3）网络软件系统支持。

（4）实现数据通信与资源共享。

要实现一个计算机网络，这四个要素缺一不可。

4. 计算机网络的发展阶段

（1）远程终端联机阶段。

（2）计算机网络阶段（局域网）。

（3）计算机网络互联阶段（广域网、Internet）。

（4）信息高速公路阶段（高速、多业务、大数据量）。

这四个发展阶段，体现了计算机网络自身的不断完善和优化。

小结

1. 任何网络都是一个系统，所以认识和利用网络要力求全面而深刻。

2. 计算机网络是一种工具，这种工具是由人制造出来并由人使用的。

3. 计算机网络是社会客观存在，这就要求人类要调动和发挥自己的主观能动性，去认识它、掌握它、利用它。

相关链接

计算机网络常用概念

IP 地址：因特网地址的俗称，为了使信息可以在因特网上正确地传送到目的地，连接在因特网上的每台计算机必须拥有一个唯一的地址，即 IP 地址。它相当于现实生活中的门牌号码，由小数点分隔的四段数字构成，如：256. 122. 168. 8。

域名：通过一个有意义或者容易解释的名字代表难于记忆的 IP 地址。

以太网（Ethernet）：应用最广的局域网技术，适用于各种电缆，一般使用同轴和双绞线。

子网（subnet）：将网络内部分为多个部分，但对外像同一个网络，这种技术称为子网技术，其中各部分称为子网。

网关（Gateway）：是一种把应用层的信息从一个协议转换到另一个协议的设备。

防火墙（firewall）：用于保证网络安全的设备或软件，可以防止非法进入网络，剔除非法信息等。

电子邮件（E-mail）：因特网上或常规计算机网络上应用最多也是应用最早的服务。它用来在网络用户之间发送和接收称为 E-mail 的电子信件。

拨号上网：以现有的电话网络为传输载体，使用电话接口，并通过调制解调器，达到使计算机上网的目的。

远程登录（Telnet）：是因特网的一个工具，用于把一台电脑与另一台电脑作为远程终端的计算机连接起来，从而可以使用远程计算机的资源、执行远程计算机的程序。

上载（Upload）：文件从本地传送到远程计算机上的过程。

下载（Download）：从远程计算机取回文件的过程。

思考与讨论

在20世纪80年代末的一本《星星诗刊》上，发表了一首朦胧诗诗作《生活》，全诗的内容仅有一个“网”字。恰恰是这一个“网”，在当时可谓“一石激起千层浪”，众说纷纭，褒贬不一。请根据自己的人生经历，结合上述内容，谈谈你对

"网"的独特理解，并请尝试与其他同学交流各自的看法。

二、网络发展简史

提示

1. 世界上任何事物都有其发生、发展的过程，Internet 也不例外。

2. 1991 年 6 月，在连通 Internet 的计算机中，商业用户首次超过了学术界用户，这是 Internet 发展史上的一个里程碑。

3. Internet 是当今世界上覆盖范围最大，用户最多，资源最丰富、最实用的计算机网络。

4. 我国计算机的研制经历了 50 年较为艰难的过程。

5. 宽带网实现了从低速的"电话拨号上网"到高速的"实时在线上网"的转变。

马克思主义哲学认为，世界上任何事物都有其发生、发展的过程。作为计算机网络，Internet 的发生和发展就构成了它半个多世纪的发展简史。

1. Internet 发展简史

1946 年世界上第一台电子计算机问世后的 10 多年时间内，由于价格昂贵，电脑数量极少。早期所谓的计算机网络主要是为了解决这一矛盾而产生的，其形式是将一台计算机经过通信线路与若干台终端直接连接，我们也可以把这种方式看作最简单的局域网雏形。

最早的 Internet，是由美国国防部高级研究计划局（ARPA）建立的。现代计算机网络的许多概念和方法都来自 Arpanet，如分组交换技术。Arpanet 不仅进行了租用线互联的分组交换技术研究，而且作了无线、卫星网的分组交换技术研究，其结果导致了TCP/IP问世。

1977—1979年，Arpanet推出了目前形式的TCP/IP体系结构和协议。1980年前后，Arpanet上的所有计算机开始了TCP/IP协议的转换工作，并以Arpanet为主干网建立了初期的Internet。1983年，Arpanet的全部计算机完成了向TCP/IP的转换，并在UNIX（BSD4.1）上实现了TCP/IP。Arpanet在技术上最大的贡献就是TCP/IP协议的开发和应用。随后两个著名的科学教育网CSNET和BITNET先后建立。1984年，美国国家科学基金会NSF规划建立了13个国家超级计算中心及国家教育科技网，不久即替代了Arpanet的骨干地位。1988年Internet开始对外开放。1991年6月，在连通Internet的计算机中，商业用户首次超过了学术界用户，这是Internet发展史上的一个里程碑，从此Internet成长速度一发不可收。

2. 我国计算机发展的艰难历程

在世界计算机网络迅速发展的同时，我国计算机的研制经历了50年较为艰难的过程。

（1）第一代电子管计算机研制（1958—1964年）。

我国从1957年开始研制通用数字电子计算机。1958年8月1日该机可以表演短程序运行，这标志着我国第一台电子计算机诞生。1958年5月我国开始了第一台大型通用电子计算机研制，并于1959年国庆节前完成了研制任务。1964年我国第一台自行设计的大型通用数字电子管计算机研制成功。

（2）第二代晶体管计算机研制（1965—1972年）。

1965年我国第一台大型晶体管计算机研制成功。

（3）第三代基于中小规模集成电路的计算机研制（1973年—20世纪80年代初）。

1973年，北京大学与北京有线电厂等单位合作研制成功运算速度每秒100万次的大型通用计算机。进入80年代，我国高速计算机，特别是向量计算机有新的发展。1983 年，国防科技大学研制的银河－I 巨型机是我国高速计算机研制的一个重要里程碑。

（4）第四代基于超大规模集成电路的计算机研制（20 世纪 80 年代中期至今）。

与国外一样，我国第四代计算机研制也是从微机开始的。1983 年 12 月电子部六所研制成功与 IBM PC 机兼容的 DJS－0520 微机。20 多年来我国微机产业走过了一段不平凡的道路，现在以联想微机为代表的国产微机已占领一大半国内市场。1992 年国防科技大学研究成功银河－II 通用并行巨型机，峰值速度达每秒 4 亿次浮点运算（相当于每秒 10 亿次基本运算操作），总体上达到 20 世纪 80 年代中后期国际先进水平。国家智能机中心与曙光公司于 2004 年上半年推出每秒浮点运算速度 1 万亿次的曙光 4000 超级服务器。

3. 我国宽带网的发展

随着网络技术的发展，人们的“口味”越来越挑剔，厌烦了在打开网页和下载软件时长时间的等待，数据传输速度更快的高速宽带网成为网民新宠。宽带网实现了从低速的“电话拨号上网”到高速的“实时在线上网”的转变，能够承载包括语音、图像、传真、视频和各种智能与增值服务在内的综合电信业务，将为人们提供各种高速接入和全方位的信息服务，譬如电子语音邮件、网络电子地图、远程医疗、远程教育、社区网站、物业管理、网络游戏、软件下载、网上炒股、视频点播、个性化服务，等等。

小结

1. 集新闻、通信、娱乐、资源共享于一体的 Internet，是现代社会进行信息交流的高速公路。

2. 我国计算机的研制经历了 50 年较为艰难的过程。

3. 我国宽带网发展的前景可观。

相关链接

我国四大骨干网

中国公用计算机互联网（CHINANET）；中国教育与科研网（CERNET）；中国科学技术网（CSTNET）；中国金桥信息网（CHINAGBN）。

思考与讨论

请结合我国计算机研制50年的艰难历程，谈谈你对未来计算机网络发展前景的展望，并尝试与其他同学交流各自的看法。

三、网络的特点与功能

提示

计算机网络的功能主要是指计算机网络的社会功能。

1. 计算机网络的特点

作为一个独立的社会客观存在和完整的人类社会活动实践工具，计算机网络一般具有以下特点：

（1）网络体系结构的开放。

任何一个开放式的计算机网络体系结构中，不同的软硬件环境和不同网络协议的网都可以互连，从而形成一个完整的系统，真正达到资源共享、数据通信和分布处理的目标。

（2）网络系统信息的多元。

任何一个完整的计算机网络系统所承载的网络系统信息都能呈现出多元化和丰富多样的特色。任何计算机网络系统都能通过各种各样的文本或音频、视频等形式将其本身的内部信息进行提示、传播、反馈和升级。

（3）网络系统维护的安全。

任何计算机网络都通过设防火墙和安装杀毒软件等方式，对不良或携带病毒的软件和网页进行拦截、隔离和杀除，从而有效地维护网络系统的安全和稳定。

（4）网络传播信息的区分。

计算机网络传播信息时，可以通过不同的网络设置，对不同的网络信息，尤其是一些不良信息和广告弹出浮窗进行有效的屏蔽或拦截，从而使得人们所获得的网络信息可靠而安全。

（5）网络传播信息的便捷。

随着计算机网络技术的不断发展，网络传播信息的速度也越来越迅速。这使得越来越多的人，能够真正做到“身居斗室，心系天下”。

（6）网络业务服务的综合。

计算机网络对人们采取的是多媒体技术，提供文本、声音、图像等综合性的服务。尤其是计算机网络的智能化，可以从多方面提高网络的性能和综合的多功能服务，并更加合理地进行网络各种业务的管理，真正以分布和开放的形式向用户提供服务。

由此可见，社会及科学技术的发展，为计算机网络的发展提供了更加有利的条件。计算机网络与通信网的结合，可以使更多的个人和计算机能够同时处理文字、数据、图像、声音等信息，将计算机网络的特点发挥到极致。

2. 计算机网络的主要功能

因为计算机网络是人类的一种社会活动工具，所以它的功能也必然是在人类的各种具体的社会活动过程中显现出来。也可以说，计算机网络的功能主要是指计算机网络的社会功能。

一般说来，计算机网络的社会功能主要有以下几个方面：

（1）提供了资源共享的平台。

进入新世纪，人类进入知识经济时代，有些知识3～5天就更新一次，这就给人们更好更快获取新知识提出了难题。而在网络环境下，计算机网络给知识信息提供了一个资源共享的平台。在这个平台中，知识信息不再被某些人独享，而能够在最短的时间内以最迅速的网络形式为更多人所共享。资源共享既是计算机网络最显著的特征，又是计算机网络最基本最重要的社会功能。

（2）加速了信息的传输和处理。

在当今社会中，信息的传输和处理很大程度上决定了人们掌握计算机网络这一工具的效果，也在很多时候决定了人们社会生活的内容和质量。在信息社会中，信息的传输和处理的重要性不言而喻，而计算机网络不仅加速了信息的传输与集中处理，而且加速了信息的均衡负荷与分布处理，使其功能可以淋漓尽致地发挥出来。

（3）增进了人们的交往与沟通。

马克思曾经说过，交往是人类的必然伴侣，是人类生存和发展的需要。交往与沟通使人类产生了语言，发展了思想，启迪了智慧，推动了社会的文明和进步。在网络社会中，人类的交往沟通更显重要，而计算机网络作为人类独特的交往沟通工具，又在增进人们的交往与沟通中显示出其重要的功能。

小结

1. 个人和计算机同时处理文字、数据、图像、声音等信息，将计算机网络的特点发挥到了极致。

2. 资源共享是计算机网络最基本最重要的社会功能。

相关链接

网络新功能介绍

1. 会打字就可以拥有的智能建站

智能建站也称为自助建站、自助网站。智能建站的主要特点是用户可以通过在线申请的方式试用网站，通过网站管理系统选择网站模板风格、创建网站栏目、维护网站内容。智能建站为用户提供了简单方便的网站建设解决方案，用户通过在线网站自动生成系统，可以轻松制作自己的网站，实现会打字就会建网站。运营商通过管理系统控制客户网站的开通关闭、设置使用时间、协助用户管理网站。智能建站的主要优点有：可以在线试用网站，在线选择模板，既方便又直观；不需要编程，无需安装，节约网站开发维护成本；高性能低价格。因为模板是系统做好的，所以可以直接对网站内容进行在线修改。

2. 无需纸张就能使用的网络传真

普通传真需要双方具备传真机、打印机，而网络传真机只需一台可上网的电脑就可以实现传真的功能。“网络传真”就是一部在互联网上虚拟的智能传真机。它不但可以把电子文档发送到对方的电子账户或 E-mail 里，而且可以将电子文档附件直接发送到普通传真机上，用户也可以接收普通传真机发来的文件。网络传真比普通传真更加方便的一个优点是它具有群发的功能，可以一次把传真发到多个目的地。

3. 不易感染病毒的海量网络 U 盘

随着电脑的普及，在今天的商业活动中越来越多的数据和信息需要传递和交流，移动硬盘、U 盘等硬件设备成为主要的存储手段。如今，一种新型的存储产品——企业网盘有可能会取代传统的 U 盘，这种被用户称为“网络 U 盘”的新产品有超大的存储空间，不易感染病毒，不易损坏，不需随身携带，只要有可以上网的电脑，就可以随时随地使用。它可以提供文件的存储、访问、备份、共享等文件管理功能的远程存储器。这种企业网盘还可以实现数据共享，免去数据传输的麻烦。

（摘自2007年6月18日新华网）

思考与讨论

请根据你对计算机网络功能的认识，尝试建立富有自我个性特色的网页、博客或空间，并在同学间相互展示。

四、网络——人类社会发展的里程碑

提示

1. 计算机网络作为一个社会客观事物的出现和存在如同一切客观事物一样，是有诸多原因的。

2. 计算机网络的出现是人类社会历史的必然，同时又把人类历史推到了一个崭新的高度。

3. 计算机网络出现的社会原因，包括社会要求和社会条件，即计算机网络出现的必要性和可能性。

4. 计算机网络出现的主观原因，是人的原因，即促成计算机网络出现的人的因素。

5. 计算机网络的出现是人类社会发展的里程碑。

1. 计算机网络出现的原因

计算机网络作为一个社会客观事物的出现和存在，如同一切客观事物一样，是有诸多原因的。从这些原因的分析中，可以看出计算机网络的出现绝非偶然，而是社会发展的必然结果。

（1）历史原因。

人类历史的进程，是一个由简单到复杂、由低级到高级的进程。从原始社会的刀耕火种，到奴隶社会的青铜时代，再到封建社会的铁器普及，最后到蒸汽机的发明与利用，人类社会的发展进程中，每一次大的生产和生活工具的出现，都经历了漫长的历史积累和沉淀，计算机网络的出现也不例外。20 世纪中叶，在第二次工业革命后期，随着科研技术和信息技术的迅猛发展，以计算机网络为代表的第三次工业技术革命的时机逐渐成熟，以至于一场缘起于欧美、遍布全球的新技术革命在人类历史的进程中适时爆发。可以说，计算机网络的出现是人类社会历史的必然，同时又把人类历史推到了一个崭新的高度。

（2）社会原因。

这里所说的社会原因，包括社会要求和社会条件，即计算机网络出现的必要性和可能性。

19 世纪后期开始，一百余年来，随着人类社会的进一步发展，社会分工越来越精细。在社会生产和社会生活过程中，庞大而复杂的工作，越来越需要集中更多人的智慧和力量才能顺利地完成，人与人之间的合作已经成为人类生存和发展以及当今时代的要求。美国哈佛大学心理学教授乔治·赫华斯博士根据多年的研究认为，一个人事业的成败在于人品的优劣。他把“与同事真诚合作”列为成功的九大要素之一。科学技术的日新月异，人们生活质量一步步提高，生活上、工作上和学习上的竞争日益激烈，精神上的空虚与孤独也随之而来，人与人之间的沟通与交流就显得尤为重要。人们要在工作上合作、思想上交流、情感上沟通，在这些社会要求下，一个计算机网络的时代到来了。

与此同时，经济全球化的扩大和社会化大生产的加剧又为计算机网络的出现提供了必要而充足的社会条件，使计算机网络的出现成为可能。在经济全球化背景下，网络这一平台的资源共享功能能够得到更好的体现。在社会化大生产环境中，网络信息的传播与处理更加方便而快捷。同时计算机网络的出现又促进和加剧了经济全球化和社会化大生产。

（3）主观原因。

计算机网络是人制造出来的，又是作为人的一种生产和生活工具出现的，所以，这里所说的计算机网络出现的主观原因，就是指人的原因，即促成计算机网络出现的人的因素。

马克思主义认为，人之所以有别于其他的动物，就是因为人可以制造和使用工具。整部人类发展史，就是人类不断制造工具、使用工具、创新工具的历史。对于一种社会生产工具而言，人类能够制造它同时又能够使用它时，它就出现了。

如前所述，人类社会要向前发展，这是不以人的意志为转移的，但是，人类社会的发展过程是曲折的。当生产关系不适合生产力发展的水平时，就会因为社会矛盾相对激化导致社会发展比较缓慢，往往这时候，人们就需要通过调整生产关系，使之能够适合于生产力发展的水平。实践证明，制造新的生产工具是调整生产关系、调节社会矛盾的一种有效方式。

20 世纪中叶，一方面，通过第二次工业革命，社会经济得到了长足的发展，人们生活水平有了很大的提高，计算机网络出现的历史原因和社会原因已经成熟。另一方面，受到第二次世界大战重创的欧洲各国科技水平需要尽快恢复，国民生产力水平需要更快发展以及时弥补战争带来的创伤，这就要求各国科学家尽快解决研究制造新生产工具的课题。通过反复的研究实践，第一台计算机终于在美国研制出来。20 世纪 60 年代开始，随着以计算机为代表的第三次工业革命的深入，知识的力量得到最大限度的彰显，各国对于教育普及的程度和教育水平的提高越来越重视，越来越多的人懂得了计算机网络的简易操作和初步掌握了网络信息技术，为计算机网络在人群中的大面积辐射和涉及、广度上和深度上的发展，提供了强有力的智力保障。

2. 计算机网络的出现对人类社会发展的意义

诚然，社会发展有其固有的规律，是不以人的主观意志为转移的。但是，不可否认的是计算机网络的出现对于社会发展所具有的划时代的意义，它是人类社会发展至今影响最为深远的一个里程碑。

（1）计算机网络的出现，使社会发展步入“高行线”。

有了计算机网络，人类社会的发展得以未曾有过的速度步入一条“高行线”。知识的更新、科技的进步一日千里，令人目不暇接。无数事实证明，计算机网络环境下的知识经济时代和网络信息时代，是人类社会有史以来最为光辉的时代。计算机网络的出现、存在以及进一步发展，一定能够成为人类社会未来更为迅猛发展的“催化剂”和“助跑器”，让人们有理由相信：在不久的未来，人类社会一定会发展到一个新的高度，拥有一个更加美好的前景。

（2）计算机网络的出现，使社会发展更加和谐。

计算机网络的出现，使得人与人之间的合作、交流、沟通更加便捷，使得人对社会有了更多、更广、更深的关注（尤其是一些原本比较肤浅、疏远、陌生的事物），也使得社会更加关心社会中生活着的人（尤其是一些容易被遗忘的群体和社会弱势群体）。这样，社会的各方面发展和社会发展的各方面就能够相对协调；生产力和生产关系之间、经济基础和上层建筑之间就能够相对协调；社会基本矛盾的冲突相对较小，社会发展比较全面和和谐。

（3）计算机网络的出现，促进社会发展的同时更注重人的发展。

计算机网络的出现，使得人们的生产能够不再为较落后的生产劳动工具造成的冗长的劳动时间和繁重的劳动强度所牵累；使得人们的工作效率和效益能够更快更高地体现；使得劳动者的劳动价值能够在较短的工作时间和比较轻松的工作环境中得以实现，在保证大力发展生产力的前提下，从根本上使人（劳动者）不再成为“工作的奴隶”。计算机网络的出现，也使得人与人之间的合作更有成效，人与人之间的交流与沟通更加便捷和深入。人是社会的人，社会是人的一切关系的总和。所以，社会发展的终极目的是人的发展，人的发展的终极目的是人情、人心、人性的最终解放，而计算机网络为这种社会发展终极目的的实现提供了最大限度的可能。计算机网络的出现，使社会发展不再深陷舍本逐末的误区，能更好地体现人文、人本的精神。

（4）计算机网络的出现，使得“同一个世界，同一个梦想”的实现加快进程。

计算机网络突破了种族、肤色、国家、民族、性别、年龄的局限，将世界连接，使得地球成为“村落”，天涯就在咫尺，世界成为一家。网络世界是虚幻的，网络连接的世界却是真实的。在计算机网络面前，空间也好，时区也好，都失去了意义。“心有多大，世界就有多大”，而且世界就近在眼前。计算机网络可以使各国人民隔膜消失、交流加深、心灵共鸣；可以使各国人民能用前所未有的理解与包容，维护着世界的和平，推动着世界的发展；可以使人类“同一个世界，同一个梦想”进程加速，共同构建一个和谐美好的明天。

小结

每一次大的生产和生活工具的出现，都经历了漫长的历史积累和沉淀，计算机网络的出现也不例外。

相关链接

人类社会发展进程中的危机

人类社会总是在不断进步，现在不是人类社会最差的阶段，也不是处在最好时期；世界末日不会光顾人类，但也并不是说人类社会发展过程中没有危机。

在近期，危机主要还是人类自己造成的危机：不平等的社会关系造成的社会危机，高消耗造成的生态危机，高度紧张的生活和过分扩张的欲望造成的心理危机。

在远期，由于人类的动物属性决定了远期危机仍然摆脱不了社会危机和心理危机，只不过，那时候，我们人类的群体思想和行为更加成熟，不会像现在这么幼稚与任性，社会危机和心理危机已不足以影响人类自己的发展，成熟了的人类会及时调整社会关系和心理状态，化解危机。除此之外，在远期，有可能来自宇宙的危机，比如人类过度开发宇宙，造成地球重力、地磁环境和高层空间环境异常，或者外来文明入侵，或者小行星撞击地球，或者太阳系湮灭等来自地外的危险因素威胁地球安全；还有过度安逸，造成人体退化的危机，致使人类丧失抵抗环境突变的能力。所有这些危机，都将严重危及人类安全，我们要及早防范。

1. 生态危机

由于人类过度追求感官享受，物质生产远远超过了人类平均需求，也超过了地球资源供给能力和废弃物消解能力，再加上人类欲望极度扩张，就形成了“生产—欲望”膨胀恶性循环的生态危机：物欲膨胀—生产膨胀—感官刺激—物欲再膨胀—经济利益刺激—生产再膨胀。

2. 社会危机

现阶段社会危机产生的原因主要是过分强调非劳动收入，劳动者不能获得应得的收益，不能满足其基本生活、发展的需求，导致社会矛盾不断激化而上升为社会危机。

由于非劳动收益高，使得一部分人，通过非劳动方式，实现对大多数人的劳动掠夺、资源掠夺，进而通过政治侵略、文化侵略等方式，来实现经济侵略和生态侵略，最终导致世界范围内的两极分化，形成全球性的社会危机。

社会危机的形成是有一个过程的：①通过劳动，进行原始的资本积累（资本积累阶段）。②通过购买的方式，占有基本生活、生产资源，再通过这些资源，实现对别人劳动的掠夺，获取更多的资本（资本增长阶段）。③通过政治结盟、经济结盟的方式，控制社会公共资源，包括政治资源，从而“保护”自己，“合法”地进行掠夺，进一步提高自己在本地区的政治与经济地位（资源控制阶段）。④通过政治地位的提高，实现对本地区的经济的垄断（参与政治阶段/垄断阶段）。⑤通过垄断，使自己在本地区内不断扩张，并积极影响政治决策，进一步扩张自己，开始对外进行经济侵略（对外侵略阶段）。⑥通过经济侵略，实现对外政治、文化侵略，从而“合法”地进行全球范围内的资源掠夺（自然资源与人力资源）与生态侵略。

在一些集权国家，由于行政资源的高度集中，有一些人不经过资本积累与资本增长阶段，而是通过特定的手段，利用行政资源，直接进入资源控制阶段，实现资本的快速扩张与垄断。

3. 心理危机

产生心理危机主要有四个方面的原因：①个人心理素质差异，即个人修养差别，不能及时调整心态，过度放大人际矛盾，或者放大社会危机对自己造成的伤害，不能正确对待这一危害，使自己摆脱不了社会阴影对自己的影响，从而不断升级为个人心理危机，甚至形成群体心理危机。②社会危机是现阶段造成心理危机的主要原因。社会危机使个人和家庭生存成本升高，个人发展阻力增加，造成人与人之间差距越来越大，从心理上对个人和群体造成极大的伤害，这种伤害如果得不到及时修复，就会形成心理危机。③工作生活压力加大，人与人之间、团体之间由于利益的原因，得不到理解和顺畅的沟通，工作生活压力得不到释放，长此以往，不但影响生理健康，还会形成心理危机。④过度强调欲望扩张对经济刺激的正面作用，使一部分人的欲望扩张超过了自己能力和社会供给水平，极度扩张的欲望长期得不到满足，形成心理障碍。

个人心理危机不但严重影响个人心理、生理健康，还会影响家庭成员、同事、朋友，从而扩大到特定人群，形成群体心理危机，甚至会因此组成特定的团体组织，通过特殊的集体行为来化解心理危机。如果这种特殊的集体行为超出了健康的边界，团体就会逐渐演变成危险组织（暴力团体、极端宗教组织等），伤害自己，危害社会。

（摘自著名学者张国庆2008年1月18日博客）

思考与讨论

请结合上述内容，谈谈你对“计算机网络的出现是人类社会发展至今影响最为深远的一个里程碑”的理解，并与同学相互交流一下彼此的见解。

五、网络——社会信息民主化的体现

提示

1. 社会信息民主化的内涵包括三个方面。
2. 计算机网络体现了社会信息民主化。

1. 社会信息民主化的内涵

社会信息民主化是从根本上反映出从信息的发布，到信息的获取和享用，再到信息内容的发展趋势，是对信息独裁的根本否定。它的内涵包括以下三个方面：

（1）社会信息民主化是指信息发布的准确、及时。

信息发布的准确要求发布的信息符合客观事物的真实状况。发布信息的及时是以时间要求的，权威信息发布部门应该在第一时间发布信息，这样的信息才是有用的，才不可能误导和欺骗信息获得者，不损害信息获得者的根本利益。信息发布的准确原则和及时原则包括社会每个公民的信息发布权和信息享有权，以及整个社会信息正确的信息舆论导向和信息传播氛围，否则，就会以讹传讹，贻害无穷。

（2）社会信息民主化是指信息获取和享用的人人平等。

人人平等是对社会专制势力和信息特权阶层的宣战。信息是没有特权，也不分等级的。在信息面前任何一个人都应该享有相同的权利和义务。人们应该自觉地打破信息等级观念和信息封锁的壁垒，坚持不懈地维护自己的信息获取权和信息享用权，以期社会群体中信息得到最大限度的共享。当然，世界上任何事物都是相对的，任何绝对的民主和绝对的自由是不存在的。人们信息的获取和享用根本不可能有绝对的平等和绝对的民主，只有在法律的尊严下，遵纪守法，认真履行了自己有关信息方面义务的公民，才能获取和享用相同的信息，真正实现信息获取和享用的人人平等。

（3）社会信息民主化是指信息内容的公开、透明。

这个方面主要指的是信息发布者（主要是政府部门），在法律法规允许的情况下，最大限度争取信息内容的公开和较深的透明度。信息绝不是一个人独享的，可以说，一个国家信息民主化程度是社会民主程度和政治民主程度的标尺。当然，在涉及一些国家机密、国家利益方面的信息和不宜对外公开的信息时，应该采取不予公开原则，并对相关信息加以封杀和限制。

2. 计算机网络体现了社会信息民主化

首先需要说明的是，这里所说的社会信息民主化包括但不等同于简单的网络信息民主。所谓网络信息民主，从字面上讲，就是由人民来当“信息”的家，做“信息”的主；或者说，由人民而不是由官僚和资本“垄断”信息，通过这种方式来表达“大多数人之意”，实现“大多数人之利”，最终达到虽无民主之形式（选举），却有民主之实质的效果。20世纪80年代以来，尤其是进入21世纪后，随着网络技术的日益更新，网络信息的重要性也越来越明显。同时，越来越多的网络信息技术业内人士，针对可能出现网络信息独裁的情形，提出了“信息民主”的口号，以期打破某些人或某些社会阶层对网络信息的垄断。这里的“信息民主”仅仅局限于网络信息的范畴，而网络信息只是社会信息组成的一个方面。我们这里讲的社会信息民主化，包括了更多的社会信息。“天有不测风云”，每天“天气预报”信息不定时地在包括电视、报纸等媒体上发布，让更多的人知晓并可对一些灾难性气候早做准备，这就是社会信息民主化的体现。

社会信息民主化包含所有社会信息的民主，它涉及的范围包含并大于网络信息的民主化。但是，计算机网络作为人类社会最主要的信息输送、传播和共享的平台和工具，始终体现着社会信息民主化的实质和进程。

计算机网络覆盖社会信息的全面与便捷，体现了社会信息民主化的实质。一个网络就是一个世界，网络有多大，世界就有多大。计算机网络覆盖社会信息的方方面面，它极大的包容性，让社会信息的传播和获取的广度与深度，得到了很好的保证。另外，作为信息输送、传播最方便和快速的媒体之一，计算机网络更体现了社会信息的民主化。

计算机网络的资源和信息共享，体现了社会信息民主化的核心和主要内容。“共享”是社会信息民主化的核心和主要内容，计算机网络的出现和发展，将信息独裁和信息垄断打破，使社会信息不再成为特权阶层的奢侈品，不再被社会中的少数人群所占有和传播。社会信息成为了社会所有公民的共有财富，人们共同享受信息，绝大多数人成了信息的主人，从而能够在社会信息允许的范围和空间里，随心所欲地输送、传播、获取和处理信息。在计算机网络环境下，资源和信息的共享，使得人的潜能能够最大限度地发挥，人的价值可以最大限度地体现，人本思想和人文精神能最大限度地张扬。

计算机网络技术、网络工程和网络系统的不断完善与优化，体现了社会信息民主化的进程。计算机网络，作为一个社会客观事物和人类社会的生产、生活工具，像一切事物一样也有其内部固有的规律，并且一直在这一规律的作用下不断地发展和变化。而且，计算机网络自身的发展和变化也呈现出前进、上升的趋势。计算机网络的前进和上升，就意味着计算机网络技术、网络工程和网络系统的不断完善和优化；意味着网络这一人类社会的生产、生活工具的不断完善和优化；意味着根据这一工具输送、传播、获取和处理信息的不断完善和优化；意味着社会信息民主化的不断完善和优化。

小结

1. 在信息面前任何一个人都享有相同的权利和义务。

2. 一个国家信息民主化程度是社会民主程度和政治民主程度的标尺。

3. 计算机网络作为人类社会最主要的信息输送、传播和共享的平台和工具，始终体现着社会信息民主化的实质和进程。

相关链接

当代社会信息化和知识经济发展的基本特点

根据人类社会发展系统模型及有关系统结构与特性的分析，我们可以对当代社会信息化与知识经济发展中的一些基本特点作如下的探讨：

1. 劳动者从体力型向智能型、技术型转换——科学技术成为第一生产力

劳动者历来是构成生产力的基本要素，但随着科学技术、社会经济和人类智能的不断发展，劳动者将逐步从体力劳动向智能型和技术型劳动转型，也即，劳动者对社会生产力的作用将从直接参与生产的体力劳动逐步转向间接参与和影响生产的脑力劳动。这种基于知识的脑力劳动包括进行科学研究、创新生产工具与技术设备以及对生产过程进行智能型的监控和管理等。也就是说，在现代社会发展的新阶段中，劳动者将主要是通过科学技术来发展和影响社会生产力。也正是从这个意义上，人们提出了“科学技术是第一生产力”的观点。但这并不意味着劳动者在发展社会生产力中作用的减弱，相反是对劳动者提出了更高的要求。因为，科学知识的积累和技术设备的创新，归根到底都是由人和人的智能来决定的，社会发展系统这个自适应调控系统的调控，也主要依靠人类对社会发展规律的正确认识。因此，在现代社会发展的新阶段中，大力发展教育，提高广大劳动者的整体科学知识水平，并培养一大批高素质的具有高科技知识的人才，具有战略意义。这也应是社会信息化和知识经济发展的重要特征和必要条件。

2. 智能化生产工具的形成和发展——网络化、数字化

生产工具也是构成生产力的一项基本要素，在人类社会发展进程中，科学技术的发展，推动了生产工具从简单人力工具、动力工具发展到现代智能化工具。所谓智能化工具是基于现代信息技术构造的生产工具，它不仅扩展人的体力而且扩展人的智力，可以推动生产过程的信息化和智能化。信息技术通常是指扩展和增强人的自然信息功能的技术，包括信息采集、存储、处理、传输和利用控制的技术。计算机网络通过把上述信息采集、存储、处理、传输和利用控制的技术融为一体，形

成一场新的信息技术革命。现代计算机网络技术不仅已直接参与生产过程的自动化和生产管理的信息化，而且也已深刻影响着产品的交换与分配等与生产有关的一切环节，使它成为现代智能化生产工具的代表。因此，网络化，大力发展计算机网络技术与普及计算机网络应用，应是社会信息化的一个重要特点，也是一个必要条件。这也是为什么人们常用“网络经济”或“网络时代”来描绘现代社会经济的特点。网络化与数字化也是密切相关的，因为计算机网络一方面是一种全面数字化的综合信息技术；另一方面又是以统一数字化的信息形式（二进制数）对信息进行传输、存储和处理的。“网络时代”与“数字经济”、“数字化生存”等概念，实际上具有相同的内涵。

3. 信息资源的进一步开发和利用——知识成为现代生产中最重要的资源

生产使用的资源也是构成生产力的重要因素。物质、能量和信息是人类可以利用的三项基本的战略资源。在人类社会发展进程中，随着科学技术的发展，人们经历物质、能量资源的开发和利用，逐步认识到信息资源的开发和利用对于生产力和经济发展的更重要意义。信息资源实质上就是知识资源，是人类社会在长期生产实践和科学实验中积累和不断更新的可共享知识。知识资源的充分利用，一方面可以支持生产工具的不断创新和科学技术全面发展；另一方面又可以直接作为用之不尽的生产原料支持社会经济的持续发展。因此信息或知识资源相对物质、能量资源的利用和开发上升到了更重要的地位，也应是信息化社会的重要特征之一。充分利用知识资源，使智能化生产工具生产的产品也具有更多的“知识含量”，称为“知识型产品”，于是人们把相应的经济形态称为“知识经济”或“信息经济”。可见，知识经济、信息经济发展和社会信息化，仍然应该是统一的发展进程。

4. 全球经济一体化——全球信息社会架构的形成

人与人通过信息联系而形成社会，因此，人类社会从一开始就是一种社会信息网络，但在人类社会发展初期，全球社会是由许多分布在不同地区的部落或国家组成的，这些分布的小社会，相互之间很少也很难联系，如同一个个相对封闭的社会“孤岛”。随着科学技术特别是信息技术的发展，各地区与国家之间的联系逐渐增强，相对封闭的社会“孤岛”逐渐走向开放。20世纪后期，以国际互联网为代表的现代计算机网络飞速发展，由于它高速、高效进行传递、存储和交换信息的能力以及其全球开放的特性，有力地推动了全球社会各地区、国家之间信息联系能力的飞跃性发展和全球信息社会架构的形成。在此基础上，计算机网络进一步推动了科学知识、新技术、新产品在全球范围的实时交流，并通过全球范围的电子商务活动，逐步改变了各地区、国家之间相对封闭的市场和营销模式。产品分配和交换方式的改变，又必将影响生产方式和结构的改变而形成开放的全球经济一体化的格局。因此，全球经济一体化将成为新经济时代的一个重要特征，也使全球社会发展系统向更有序的方向迈进了一步。

（节选自2008年6月2日科学网《人类社会发展进程的系统分析》，作者：倪鹏云）

思考与讨论

请结合你的个人上网经历，体会网络“信息面前人人平等”是社会信息民主化的体现，并谈谈自己的感受。

六、网络——人类文明进步的产物

提示

1. 人类追求文明的步伐永不停止。
2. 人类文明进步到一定阶段，产生了计算机网络。
3. 计算机网络推动下的人类文明前景会更好。

1. 人类追求文明的步伐永不停止

（1）摆脱愚昧，追求文明。

文明是人类审美观念和文化现象的传承、发展、糅合和分化过程中所产生的生活方式、思维方式的总称；是人类开始群居并出现社会分工专业化，人类社会雏形基本形成后开始出现的一种现象；是较为丰富的物质基础上的产物，同时也是人类社会的一种基本属性。文明是人类在认识世界和改造世界的过程中所逐步形成的思想观念以及不断进化的人类本性的具体体现。文明包括精神文明和物质文明。精神文明包涵心性智慧与思想知识；物质文明包涵工艺性文物与无意识文物。

简而言之，文明就是人类对于人之本性的不断进化。对于文明的追求，一直会伴随着对愚昧的摆脱和对无知的挑战。可以说，人类社会的发展历史也就是人类社会的文明史。在人类社会文明史的进程中，随着人们对于文明追求的深入，对于愚昧和无知的逐渐摆脱，人类文明一直处在不断的发展、变化，不断的提高、完善之中。人类文明史永远是一部进步替代落后、高级替代低级、文明替代愚昧的历史。而且，人类文明的发展进步永远处于一种动态的进程中，没有休止，没有终点，只有不断接近和臻于完善。

（2）追求文明是人发展的根本要求。

我们知道，人类社会的不断发展，人类文明的不断进化，其根本目的是为了人的发展与进步，最终使人得到真正的解放。文明是人类在认识世界和改造世界的过程中所逐步形成的思想观念以及不断进化的人类本性的具体体现。追求文明是人发展、解放的根本要求。只有不断地追求文明、发展文明，人才可能得到更为全面而深刻的发展和进步，人才可能为自身的真正解放打下坚实的基础。

可以说，对于文明的追求一直贯穿于中华民族历史的始终。五千年源远流长的中华文明代表着独一无二的东方文明，它产生了丰富多彩的文明遗产，成为世界上延绵数千年来唯一未曾中断的古代文明，给世界文明留下了卓越的贡献和宝贵的财富。当人们赞叹西方文明的思想知识与无意识文物时，却发现东方文明的心性智慧与工艺性文物，才是人类生存发展的基因。

2. 人类文明进步到一定阶段，产生了计算机网络

（1）人类文明的进步总伴随着生产生活工具的产生。

从人类文明发展的数千年历史进程中，我们可以看出，当文明进步到一定阶段，就会有新的生产生活工具产生。这种新产生的生产生活工具，又成为了这个历史时期文明进步的标志。例如，第一次工业革命是以蒸汽的广泛应用为标志的；第二次工业革命是以电气化全面替代蒸汽并广泛应用为标志的。1941 年，世界上第一台计算机在美国研制成功，成为了第三次科技革命的前奏。第三次科技革命发生于20 世纪 40 至 60 年代，它是人类文明史上继蒸汽技术革命和电力技术革命之后科技领域里的又一次重大飞跃。

（2）计算机网络的产生，标志着人类物质文明进入了一个高速发展的阶段。

计算机网络的产生，促使了原子能、电子计算机和空间技术等的广泛应用和长足发展，它带来涉及信息技术、新能源技术、新材料技术、生物技术、空间技术和海洋技术等诸多领域的一场信息控制技术革命，标志着人类物质文明进入了一个高速发展的阶段。

（3）计算机网络的产生，标志着人类精神文明达到了一个前所未有的高度。

计算机网络的产生和以计算机网络信息技术为主要代表的第三次科技革命，不仅极大地推动了人类社会经济、政治、文化领域的变革，而且也影响着人类生活方式和思维方式，使人类社会生活和人的现代化向更高境界发展，大力促进了精神文明的发展，使之达到了一个前所未有的高度。正是从这个意义上讲，第三次科技革命是迄今为止人类历史上规模最大、影响最为深远的一次科技革命。计算机网络的出现，是人类文明史上不容忽视的一个重大事件。

3. 计算机网络推动下的人类文明前景会更好

计算机网络的出现与发展，深刻地影响着人们的日常生活，有力地推动着人类社会物质文明和精神文明的不断发展和提高。计算机网络的发展速度，很大程度上影响着人类文明的进程，不断地满足着人们日益增长的物质文化需求。回顾人类文明史，把握人类文明不断提高、不断进步的脉搏，深入分析计算机网络对于人类文明发展的影响，可以看到计算机网络的意义非凡。在现实的基础上，憧憬人类文明的美好前景，计算机网络功不可没。

小结

1. 计算机网络是人类文明进步的产物。

2. 计算机网络推动了人类文明的进步。

3. 计算机网络很大程度上影响着人类文明的进程，不断地满足着人们日益增长的物质文化需求。

相关链接

博客改变了我们什么

博客，从其英文“Weblog”讲，就是“网络日志”，是一个新型的个人互联网出版工具，博客使用者可以很方便地用文字、链接、影音、图片建立起个性化的网络世界。它由不断更新的、个人性的众多“帖子”组成，按照时间顺序排列，而且是倒序方式，最新的放在最上面，最旧的在最下面。

博客是网络发展到一个新阶段——社会化阶段的产物。这一社会化的阶段是互联网在经历了军事化阶段和商业化阶段之后的一个高级发展阶段。在这个阶段中，人有两重身份——现实身份与网络身份。博客就是目前最有效的一种网络身份。随着网络技术的进步，肯定还会出现新的“客”。但它们的一个共同点很可能就是：不断强化人们的网络身份，强化网络的社会化功能。

首先，对于个人来说，越来越多的个人将成为网络的主体，他们不仅是消费者，也是更主动的生产者、创造者和建设者。每个人除了带有更多的身份信息（包括 Blog、QQ、MSN 等），还需要更多信息建立信任，这包括社会对你的认可、声誉，还有你自己的言行。整个社会的个体的现实身份都要转化成对应的网络身份，来实现更好的沟通、了解和表达。这样降低了社会成员之间的交往成本，提高了整个社会运转的效率与品质。比如，我想了解一位学者，如果没有博客，可能比较困难。现在，通过登录他的博客，可以一目了然，包括他的个人情况、学术成果等。不仅可以浏览，还可以讨论。还有很多人同时也在看他的博客，我也可以和他们交流。无论何时何地，只要我有一台可以上网的电脑，打开对方的博客即可了解他，省时省力。而且这种交流是互动的、双向的，甚至是多向的。

其次，博客改变了社会的信息传播方式，这对社会势必产生更为深远的影响。传媒在这个过程中也扮演着重要角色。名人博客已经成为虚拟的新闻发布会，博客也成为记者寻找新闻线索的重要渠道。博客和传媒的互动日益紧密。我在网上也看到了许多企业博客，随着访问量的不断上升，销售量也上升了，博客成为了一种营销手段。目前，博客已经成为世界性的互联网应用潮流。但作为一种新生事物，大家对它的了解还需要一个过程，还需要去学习和思考。目前，对于博客，最欢迎、最受益的还是白领人士、专业人士，他们掌握着一些有价值的资源，如专业知识或行业经验，这些可以长期在博客上展现。相对来说，普通老百姓走向博客可能还需要一个过程。因此，博客的应用目前仍只是初级阶段，社会化的过程刚刚开始，意义还未充分展示。

（《清风苑》杂志社记者郭芳芳访谈摘要）

思考与讨论

请你结合人类文明发展史，谈谈网络环境下社会主义精神文明建设的重要性。

网络的出现和发展打破了人类社会生活固有的平静与惬意，给人们生活的各个方面带来了强有力的冲击，这是网络作为存在的客观事物、社会工具所固有的对人类的消极影响。如何充分认识和分析网络在社会生活各方面给人类带来冲击的严峻现状和根本原因；如何采取有效的应对措施，来防止被电脑“物化”、“奴化”，并维护人性的尊严；应该选择何种姿态投身中国特色社会主义网络文化建设，也就成为了处于现实网络社会中和现实网络环境下的我们，认识网络、直面网络的首要问题。

第二章

直面网络

一、网络与生活

提示

1. 网络使人类的社会生活内容容纳了整个世界。
2. 因孤单而上网的人们，在网络世界里却更感孤独。
3. 网络带来的社会变化往往会让人始料未及。

1. 网络对人类社会生活的影响

（1）网络使人类的社会生活内容容纳了整个世界。

在长期以来的人类社会生活实践中，由于人类社会生产力的发展水平较低，社会化大生产的社会分工与社会内容处于刚刚起步的阶段，人们的社会实践生活一般都体现为一种简单、具体、周而复始的内容。大多数时间里，人们会感受到自己社会生活内容的单一而枯燥。究其原因，恰恰是人们对世界、对社会生活接触得太少，即便是放眼世界，所看到的也仅仅是一眼窥见的世界某个角落。

在人类社会实践生活中，一个人由于社会接触面的狭窄，就会导致他社会认识程度的局限；由于社会认识程度的制约，就会导致他社会阅历的浅薄；由于社会阅历的浅薄，就会导致他社会生活内容的单一而枯燥。归根结底，一个人社会生活的内容，是由他社会接触面的范围和他对社会接纳程度决定的。所以，人类广阔而丰富的社会生活很大程度上取决于对世界广度和深度的接纳以及对社会事物的包容。

网络的出现与发展，使人们可以通过网络连接世界、认识世界、容纳世界。网络在最大限度地发挥其功能的同时，也最大可能地把人类生活的外延与触角伸入到了人类客观世界中的方方面面。在网络世界中，一个看似比先前任何时候都要广阔而丰富的社会生活呈现在了人类面前。

（2）网络给人类社会生活知识的获得提供了一个巨大的空间。

人类社会的发展，以其固有的速度和趋势不断地上升、前进着。生活在社会中的人们，在最大限度地调动自身的主观能动性的前提下，一如既往地为推动社会的发展和进步发挥着自己的作用。一方面，人们在社会实践活动中，不断获得社会生活知识和提高社会生活技能；另一方面，这种日益增长的社会生活知识和技能又不断成为人们进行社会实践的武器，运用到社会实践活动中，成为推动社会发展的力量。也可以说，在人类社会的发展进程中，作为社会实践主体和社会推动力量的人，知识的获取、技能的增长，乃至整个人素质的提高，自然成为了关键的要素和力量。而这一点，在当今的知识经济时代中，体现得更为明显。

在网络技术迅猛发展、日新月异的环境和背景下，网络输送、传播知识信息的速度越来越快捷。网络作为人类社会重要的信息输送、传播和共享的平台和工具，让社会信息的传播和人们社会信息获取的广度和深度，得到了很好的保证。社会信息成为了社会所有公民的共有财富，绝大多数人成了信息的主人。人们能够在社会信息允许的范围和空间里，随心所欲地输送、传播、获取和处理信息。网络给人们对于人类社会知识的获取提供了一个先前任何时代都未曾有过的巨大空间。在网络环境下，资源和信息的共享，让人的潜能得到了最大限度的发挥，让人的价值得到了最大限度的体现，从而在人本思想和人文精神得到最大限度张扬的同时，人类掌握了更为锐利的知识武器并强有力地推动着社会的不断发展和进步。

不可否认，这一切发展和进步，都是与网络密切相关的。人类社会网络时代的社会发展速度和成就，是人类社会发展历史上其他时代的几倍，甚至几十倍。处于这种高速发展社会中的人们，不断地增长着社会知识，提高着社会技能，完善着自我；同时也不可避免地要不断地去迎接和应对这一网络新时代给人类本身带来的危机和挑战。

人类社会从近代走向现代，人与人之间交往、交流与沟通的重要性表现得越来越明显。然而，作为社会个体的人无论进行什么形式的交往，无论彼此间交往到怎样的程度，都掩饰不了他作为社会个体存在的孤单特质。也就是说，人的孤单是与生俱来的。一个人，无论拥有怎样肝胆相照的友情，拥有怎样感天动地的爱情，拥有怎样感人肺腑的亲情，他在社会生活的本质上只能是孤单的，能够陪伴他走完这漫漫一生的人，只有他自己，而不是他的亲人、爱人或朋友。因此，任何一个人，无论贫穷还是富有，无论平凡还是伟大，他的孤单与生俱来，与死俱去，横亘一生。任何形式的交流与沟通，仅仅是缓和片刻的孤单，孤单的滋味很难远去，尤其是在人的心灵深处那种深重的孤独感。

在网络环境下，孤单的人们把上网当成了一种排解孤单、化解孤独的主要方式。在自己的善意言行被他人误解时，在自己的正确意见无人理睬时，在自己的工作举措不被认同时，在自己的心灵被孤独重重环绕、没人愿意沟通时，人们往往会选择上网，把自己的情绪和心理倾吐和宣泄到网络上，以期能得到短暂的心理平衡和社会认可。在网络环境下，网络的确成为了人们交往、交流和沟通的最主要的工具，网络的交际功能也就得到了最大限度的彰显。人们利用网络，排解孤独的方式主要有两种：一种是孤独转移，一种是孤独宣泄。人们利用网络，在网络上通过建立具有自我特色的网络主页和网络空间，使在现实社会中得不到充分展现的自我个性和自我风格展示和发挥出来，以期得到他人的认可与赏识和自我心灵的慰藉，这是一种常见的孤独转移方式。人们利用网络，使在现实社会中短路和缺失的人际交往，通过以 QQ 为代表的网络聊天形式和以 E-mail 为代表的网络通信形式表现出来，以期自我对于社会事物认识的立场、观点、见解和意见等能够得到他人的认同赞许，从而使自己和他人达到心灵上的共鸣，这是一种最为常见的孤独转移方式。背负着种种生活、工作、学习压力的人们，更多的时候把网络当作释放、排解压力的对象，通过网络游戏进行生活娱乐与消遣，把社会生活中的压力与不快宣泄出来，这是一种最基本的孤独宣泄方式。

2. **平静而惬意的生活被网络打破，"亚健康"状态伴随着网络蔓延**

（1）网络带来的社会变化往往会让人始料未及。

生活在社会中的人们，要跟得上时代发展的步伐，要与社会和人民同呼吸、共命运，就必须与时俱进，很好地适应各种社会变化，这是一个显而易见的道理。然而，如果社会变化的速度太快，"计划"就会永远跟不上变化，就会让绝大多数人对这种变化始料不及。我们知道，人的发展是社会发展的落脚点和归宿，而无数的社会实践证明，相对稳定的社会环境和相对平稳的社会变化对于人的社会生活内容的丰富和人的全面健康发展很有裨益。

但是，网络的特点之一就是快速，而这一快速又带来了人类社会变化的加剧。当然，快速的网络变化带来的人类社会新陈代谢的加速，人们获取社会生活知识信息速度的加快，这些对社会发展和人的发展积极而有效的作用，是不可否定的。但是，更多的时候，这种让人始料未及的快速必将打破生活原有的稳定与平衡，给生活造成一种突如其来的混乱与失衡，给人带来一种手足无措和举步维艰的困境。幸福的生活来自于生活各部分的平衡，很难想象，一个始终匆匆忙忙奔波着、应付着生活快速变化的人，他的幸福在哪里。

另外，网络变化的快速可能带来网络信息和网络事物的超前发展，一些新兴的事物往往是先在网络上产生和出现。当这些新生事物在网络上与青少年的好奇心相遇时，很容易先被我们青少年学生接受，这样就给我们对于事物的甄别、判断能力带来了一次又一次考验，并对我们的甄别、判断力的提高，提出了更多迫切的要求。

（2）网络的冲击使人们感到生活中原有的平静和惬意尤为可贵。

网络给人类社会原本已经习惯的生活内容带来了冲击，而且这种冲击打破了人们生活中原来固有的平静和惬意。你喜欢去海边散步吗？你喜欢登高望远吗？你喜欢三五好友结伴远行吗？也许，这些都是你钟爱的户外活动；也许，这些都是先前不可或缺的生活内容。可是，当网络出现后，这其中的很多东西都一去不复返了。散步、登高、远行，这些有益于身心健康的活动，不是被人们遗忘，就是成为了人们无暇顾及的生活内容。

不仅这些，人们生活中，原有的平静的、惬意的、自在的独处没有了；原有的合围而坐、海阔天空、“黄发垂髫并怡然自乐”的美景没有了。原有的一切都被网络所冲击，原有的一切都被网络所打破，原有的一切都因网络而改变。人们上班时，利用网络“上网”工作，下班后，利用网络“上网”娱乐休闲，网络逐渐成为人们生活的主要形式和全部内容。

（3）网络造成了人类“亚健康”生活状态蔓延。

近年来国际医学界提出“亚健康”状态新概念，这是指机体虽无明确的疾病，却呈现生活力降低，适应呈不同程度减退的一种生理状态，是由机体各系统的生理功能和代谢过程功能低下所导致，介于健康与疾病之间的一种生理功能低下的状态，国外也称“第三状态”或“灰色状态”。“亚健康”状态产生的主要原因是人体脏器功能下降，自觉身体和精神上的不适，如疲乏无力、情绪不宁、头疼失眠、胸闷等。

根据医学上“亚健康”状态者实例的研究表明，造成“亚健康”状态的主要原因是“亚健康”状态者忽视了体育锻炼的重要性，缺乏必要的身体锻炼。这和网络的出现与发展有着直接的关系。在当前的社会生活中，越来越多的把网络不仅当成工作工具而且当成生活工具的人们，把每天绝大多数时间和精力都倾注在网络上。持续的坐立、持续的弯腰、持续的伏案打字，包括持续的用眼，使人躯体得不到适时、适当的调节，从而容易疲劳。通过上网转移和宣泄孤独的效果，通过上网与他人交流、沟通的效果，通过上网展示自我，以求得到自我认可与赏识的效果，很难达到自己预期的心理要求，从而容易导致焦虑。这种心力交瘁的状态，肯定离健康相差甚远。对于那些沉迷网络的人而言，这种身体的“亚健康”状态更严重。可以说，如果人类对这一点缺乏足够的认识而不采取强有力措施的话，这种“亚健康”状态将会伴随着网络蔓延，甚至泛滥。

3. 对“网络给人类社会生活内容和方式带来的冲击”的冷思考

网络给人类社会的内容和方式确实带来了很大的冲击，人类必须要正视这一事实，并且通过冷静的思考，来寻求应对这一冲击给人类带来挑战的方法。在这一点上，最为重要的是：

①更多的人必须认识到网络只是一种人类社会生活工具，绝不是社会生活全部内容。

②更多的人必须认识到上网只是一种人类社会生活方式，绝不代表社会生活所有途径。

③更多的人必须处理好自己和网络的关系，是人主动上网而绝不是网络主动来“侵略”、“独占”和”“吞并”人的独立思想和多彩生活。

小结

1. 人与人之间的交往活动，成为了以群体聚居为特征的人类社会中最主要的生活形式。

2. 网络造成了人类“亚健康”生活状态蔓延。

3. 网络绝不可能主动地来“侵略”、“独占”和“吞并”人的独立思想和多彩生活。

相关链接

网络对中学生生活学习的影响

第一，网络为学生提供了更广的求知和学习空间

在网上的虚拟学校中上课，目前已经成为国外大、中学校的一种新颖的教育模式。据了解，到2000年7月为止，我国已经有1000家大中小学校进行了域名注册，其中有不少建立了完整的学校站点。学生不仅可以通过网络及时了解学校的情况，而且还可以直接学习课程，和学校的老师进行直接交流，解答疑难、获取知识，促进了中学生的学业。

第二，网络为中学生获得各种信息提供了新的渠道

网络的信息容量大的特点最大程度地满足了学生的需求，为学生提供了最为丰富的信息资源，开阔了同学们的视野，使学生学到了许多在课本上学不到的知识。

第三，网络有助于中学生不断提高自身技能

互联网上，我们几乎可以找到涉及人类生活的所有方面的各类信息，对能够熟练使用计算机的学生来说，可以说是取之不尽、用之不竭、学之不完的知识宝库。

第四，网络有助于加强学生之间的交流和沟通

增强学生的社会参与度，开发学生内在的潜能。学生在上网时处于和现实生活完全不同的环境中，在思考的过程中，学

生不仅锻炼了自己独立思考问题的能力，而且也提高了自己对事物的分析力和判断力。在网上，学生可以没有顾忌地向网友倾诉心事，减轻学习负担所造成的压力，还可以通过网上聊天室或者是BBS等方式广交朋友，参与社会问题的讨论，发表观点见解，这样既可以锻炼文笔，也会觉得很有成就感。

第五，中学生还可以在网上及时地掌握最新的教育动态

特别是高中生，面对还在改革探索中的高考，可以在网上查询到与教育相关的新闻，以此来调整复习重点，适应高考措施。

第六，网络使许多中学生沉溺于网络虚拟世界，脱离现实，也使一些中学生荒废学业

网络是个虚拟的世界，它不仅满足了中学生尽早尽快占有各种信息的需要，也给人际交往留下了广阔的想象空间，而且不必承担现实生活中的压力和责任。虚拟世界的这些特点，使得不少中学生宁可整日沉溺于虚幻的环境中而不愿面对现实生活。而无限制地泡在网上将对日常学习、生活产生很大的影响，严重的甚至会荒废学业。

第七，网络是一个信息的宝库，同时也是一个信息的垃圾场

网上各种信息真假难辨，由于缺乏有效的监管，网上色情、反动、暴力、赌博、迷信等负面的信息屡见不鲜。同时，网络的互动性与平等性，又使得人们可以在一个绝对自由的环境下接收和传播信息。对于身体、心理都正处于发育期，是非辨别能力、自我控制能力和选择能力都比较弱的中学生来说，难以抵挡不良信息的负面影响。个别网吧经营者更是抓住这一点，包庇、纵容、支持他们登录色情、暴力网站，使他们沉迷于网上不能自拔。有些中学生也因入不敷出，以致走上了偷盗、抢劫甚至是杀人的犯罪道路。

第八，上网时间过长，容易对身体造成损害

过度沉溺于电脑网络对身体也是一种损害。上网时在电脑

前一坐就是几个小时，只有手指在不停地点，目不转睛地盯着屏幕，对身体健康也是很大的伤害，尤其是对眼睛的危害，现在我国中学生近视率已达 60%，而且有逐年上升的趋势，所以整天沉溺于网络是不可取的，有时上网的愉悦是以金钱和自己身体的健康为代价的。

（摘自 2007 年 12 月 14 日国家人才在线）

思考与讨论

网络的出现和发展打破了人类社会生活的平静与惬意，请尝试以“网络改变了我们什么”为题写一篇小论文。

二、网络与人际关系

提示

1. 人们在交往中，认识上相互沟通、情感上相互交流、行为上相互作用、性格上相互影响，形成一定的人际关系。

2. 网络使人们不得不含泪告别那种真真切切的融洽与亲切。

3. 网络较为宽松的人际交往环境给人际交往原则与规范带来了几乎毁灭性的打击。

1. 网络使人们不得不含泪告别那种真真切切的融洽与亲切

计算机网络几乎是与“钢筋水泥的森林”同时出现的，它们也同时主导和影响着人们的生活。在这样的形势和背景下，人们的人际环境变化了，沟通与交流的人际交往方式变化了，人际关系也自然而然地随之变化。试想，在这样的网络环境下，在人们几乎都遗忘了还可以写书信、如何写书信、怎样寄书信时，“家书抵万金”的喟叹可能已成为了历史。再试想，人们的人际关系从网络出现的那刻起就主要靠着一台机器和一根网线或几台机器和几根网线维系着，听起来也许真有点夸大其词、危言耸听，但谁又能说这不是事实呢？虽然人们谁都清楚，网线那端，坐着的是和自己一样真实的人，但对对方的具体情况却一无所知。建立在虚幻空间里的人际交往就是这样，除了陌生还是陌生，除了隔阂还是隔阂。当然，原本就在现实生活中彼此熟悉的亲人、朋友除外。二十多年前人们经常传唱的一首歌中，有这样几句歌词：“每一个早晨/在浴室镜子前/却发现自己活在剃刀边缘/在钢筋水泥的森林里/在呼来唤去的生涯里/计算着梦想和现实之间的差距”。其实，这种唱出的对“钢筋水泥的森林”的感受，也是对虚幻网络中人际交往的无奈叹息。

2. 网络较为宽松的人际交往环境给人际交往原则与规范带来了几乎毁灭性的打击

在人类社会生活中，人们的交往必须通过遵循一定的原则、恪守一定的规范，才能使人际关系自始至终保持着正确与健康的方向。

人们要遵循的人际交往原则有：

(1) 平等尊重原则。

平等待人、相互尊重是建立良好人际关系的前提。人们只有尊重他人并且懂得自重自爱才能得到他人的尊重，他人才愿意与你交往。

(2) 诚实守信原则。

诚实守信是人际关系得以延续和深化的保证。诚实就是表里如一，毫无虚伪做作，即说实话、办实事、做老实人。守信就是恪守信用，“言必信，行必果”。

(3) 宽以待人原则。

人们在人际交往中应严于律己、宽以待人，既能容纳别人的存在和长处，又能容忍对方的过失和短处。在非原则性问题上不斤斤计较，要牢记“宽容是种美德”。

（4）互助互利原则。

人们在人际交往中，要相互关心、相互理解、相互帮助、相互支持，这既能满足各自的需要，又能加强彼此的联系，深化感情，并体验人际交往的真善美。

人际交往之所以能够产生相互影响、相互作用，能协调发展，是因为有一种无形的力量在制约，这就是交往规范。这些规范包括：

（1）道德规范。

它主要是通过社会舆论、传统习惯和内心信念来调节人际交往中的非对抗性的矛盾的行为。遵守道德规范，符合人的内心信念，有利于建立和谐的人际关系。

（2）礼仪规范。

讲究礼仪是文明的标志，也是做人的美德。在交往活动中对人礼貌、语言文雅、着装整洁、仪表端庄，会给对方一种轻松愉快的感觉，可促进人际交往的发展。

（3）习俗规范。

习俗是人们在社会生活中逐渐形成的一种稳定的、习以为常的行为倾向。在人际交往中，应尊重对方积极、健康的风俗习惯，使对方在感情上得到满足和愉悦。

（4）法纪规范。

在人际交往中，必须遵守法纪和有关规章制度，才能营造良好的人际氛围，使人与人的交往不至于误入歧途。

可以看到，网络从它出现之日起，就发挥着人际交往工具的主要功能，而且，作为便捷的人际交往工具之一，在人类社会生活中起着举足轻重的作用。但是，通过网络进行人际交往的最根本的特点就是，网络人际交往是人与人之间自觉自愿的，人际交往中所必须遵循的原则和恪守的规范都必须依靠上网者自觉自愿地遵守。相对于现实人类社会环境中人际交往受到管理规范、道德规范、纪律规范、法律规范、伦理规范、行为规范、语言规范等的约束，尤其是人际交往自身的原则、规范的制约，网络环境中的人际交往模式、人际交往过程和人际交往关系就非常宽松了。网络也有管理，如“斑竹”（版主），但是网络管理者的管理多是义务性而非强制性的，管理的力度与管理的成效不成比例。这就要求人们在网络环境中更应注重自我约束、自我规范。

在网络空间里，对于纯洁、正确、健康的人际交往的开展和人际关系的维护，靠的是绝大部分上网者（网民）自发的、自觉自愿的态度和他们对人际交往原则的遵循及人际交往规范的恪守，这就自然地与上网者的个人素质修养有很大的关系。但是，因为网络环境极大的包容性，造成上网者个人素质良莠不齐的现象非常正常，这也就导致了一些个人素质低下的上网者，给人际交往原则与规范带来严重的破坏，有时甚至是致命的、几乎毁灭性的打击。近年来，网络犯罪现象的显著上升和日趋严重，使国家有关网络法律、法规的制定已经被提上了日程。这一切告诫人们，尤其是是非判断力和意志力相对薄弱的青少年学生，小心上网，抵御诱惑，谨防上当。

3. 虚幻网络上建立和维系感情是肤浅的

人们通过彼此的交往、交流与沟通，在增进了解的同时，会逐渐建立起彼此间的感情。作为一种人际交往的形式，网络交往也有可能使交往双方加深了解，甚至生发出感情。尤其是对于重感情、易冲动的青少年而言，他们认为在网络交往中更容易产生并能够一直维持着深厚的感情，甚至对此深信不疑。其实，网络的基础是虚幻，虚幻网络上建立和维系的感情自然也是不真实的。“路遥知马力，日久见人心”，这种建立和维系在网络上的感情只有把它移植到现实生活之中，并加以精心、持久的培育，才有可能越来越真切。否则，它永远只是肤浅的。

友谊是人际交往的重要产物，交往产生友谊、友谊加深交往。寻觅友谊、渴望朋友是我们当代中学生强烈的心理需求，也是我们人际关系中一个十分普遍而突出的特点。友谊是人与人之间通过交往而形成的一种美好亲密的情谊。它是健康良好人际关系的体现，是人精神上的一种慰藉和寄托。朋友间的情谊是除了家庭亲情关系之外的最重要的人际关系。友谊的特征在于：一是双方相互尊重；二是双方有内心世界的深层次的交流；三是双方无利害观念，能施惠于对方而不期望回报。从友谊的定义和特征来看，“网友”，比起有着深厚友情的朋友的要求，还有相当的距离，“网友”之间在虚幻网络上建立和维系的感情，更不可能与可以陪伴我们终身的“同学情”同日而语。

中国台湾作家三毛说，“不幸的爱情，不是来得太早，就是来得太迟”，而来得太早的爱情，又占据了不幸爱情的大半。异性中学生之间，彼此心中那种朦胧的情感是无可厚非的，但是，我们正处于人生起步阶段，整个人的生理、心理机能还远未成熟，加上繁重的学业需要倾注大量的精力，所以“早恋”是不合时宜的。从目前中学生“早恋”的案例来看，“网恋”占有较大的比例，并有上升的趋势。而我们青少年学生“网恋”是绝对错误的，爱情的美好、初恋的纯真，乃至一生的幸福，万万不可因为自身的盲目冲动和网络安全意识的缺失，被一些居心叵测的人所利用和控制，以致毁于一旦，后悔莫及。通过虚幻网络所建立起的感情也是肤浅的、经不起任何时间检验的，我们应学会采取其他积极有效的方式，缓解孤独、排除干扰、转移情感，全力以赴投身学业、完善自己。“生命诚可贵，爱情价更高，若为自由故，两者皆可抛”，相信属于你的爱情，一定会在它该来的时候到来。

小结

1. 建立在虚幻空间里的人际交往就是这样，除了陌生还是陌生，除了隔阂还是隔阂，当然，原本就在现实生活中彼此熟悉的亲人、朋友除外。

2.“网友”之间在虚幻网络上建立和维系的感情，不可能与可以陪伴我们终身的“同学情”同日而语。

相关链接

学校教育的变迁与信任的关系

首先，市场经济的深入不断塑造社会深层结构的变迁，社会深层结构的变迁直接造成利益关系密切群体利益格局的变动，进而形成新的人际族群矛盾，由此引发新的不信任，原有的信任结构及其平衡被破坏。首当其冲的是带来的传统政治权威的式微和转化，譬如同在一个班级的同学由于家庭职业背景、社会地位的变化会造成情感隔膜和信任障碍，利益的分化和地位的变迁导致校园里“政治分野”，教师与学生、学生与学生之间沟通的艰难。在权威倒下的地方，如果不能确立平等与民主的秩序，必然造成信任的缺席。

其次，互联网开启了一个知识资源获取机会平等的时代。网络资讯带来的知识权威的衰落，导致知识在人际分布上的扁平化，教师和学校管理人员如果不能面对这个资讯过剩的时代和空间，必然无法赢得学生的信任与尊重。互联网作为资讯、信息、知识载体具有无限广阔的空间，以致我们既有可能经常深陷其垃圾信息中而无法自拔。单个的教师在有限的时间里搜索情报信息、获取知识资讯总和量根本与学生集群式的资讯量无法比拟，因此教师的知识权威的桂冠虽不至于失落，但肯定会大大失色。如果教师没有创造力和人格魅力，单凭静态的知识资讯是无法获得学生的信任的，因为学生将会和教师一起在互联网上获得学习和掌握咨询的平等机会。

最后，当前基础教育的学校课程教授与考核评价机制基本上沦为应试教育和考试经济的发动机，以考试为手段借以实现各级教育主管机构、学校、教学科研机构利益分配，进而形成利益链条和利益分享格局，一方面学生为应付考试而疲于奔命，另一方面教育主管机构为统一命题、统一考试并进行名次排序而乐此不疲。考试机制从学业检查手段异化为教育目的本身，严格等级排序与座位先后次序挂钩、机械的记诵之学与刁钻古怪的考试题、压抑学生天性的教学手段与“不给孩子好练，给孩子好心”的动机追求如此完美统一，其结果导致中国教育集体无意识的非人道逻辑和价值取向，压抑学生的主体性和创新精神，泯灭学生阳光个性，牺牲人的幸福追求。由于应试教育的局限性导致学生对课程、教师、学校信任的缺失，乃至学生普遍向往西方学校的制度和学习模式。

（节选自著名学者刘选的文章《社会变迁与信任重建》）

思考与讨论

《中国教师报》上有这样一组漫画，请结合你的生活实际，谈谈“网络给我们当今中学生人际交往带来的冲击”的看法。

三、网络下的生活节奏

提示

1. 网络的冲击使社会生活节奏呈现出“快”和“乱”的特点。

2. 我们中学生的学习生活需要压力，更需要宽松的环境。

3. 顺应网络冲击下的生活节奏变化，所需要的是对这一变化的适应。

1. 网络社会中人们生活节奏的特征

网络冲击着人类社会生活的各个层面，使得社会生活在节奏上变换得越来越快，经常让人们措手不及。而且，这种“快”达到一定的程度，就打破了生活节奏上原本的秩序，给人一种杂乱和混乱的感觉，尤其对那些社会适应力较弱的人来说，对于网络冲击下社会节奏的适应，不是埋头苦干，就是气喘吁吁。

（1）网络冲击下的生活节奏打破了原有的生活规律。

任何事物的存在和发展都有着本身固有的规律，人类的社会生活也如此。具体到每一个人，他可以在反复的社会生活中形成属于自己的特点和规律。人的生活规律有很多种，就一天来说，可以是具体所指的作息时间，也可以是具体所指的做事情时的直线或循环的节奏感。有规律的人生活有秩序和轻重缓急，而缺乏秩序或生活规律性不强的人生活随心所欲、杂乱无章。许多事实表明，有规律的生活，无论是生活质量还是工作效率都是很好的。而网络的冲击打破了人们原有的一些生活规律，使人们不能按部就班地生活和工作，当花费相当长的时间重新形成自己生活的规律时，却发现生活节奏又在网络的冲击下发生变化了。

（2）网络冲击下的生活节奏打破了原有的生活计划。

计划是生活和工作的准备阶段，有计划地生活使人们生活起来胸有成竹。计划最大的特点就是预见性，以充分的思想准备和物质准备来筹划即将要展开的生活或工作。当然，我们谁都无法预知未来，但是根据现实生活和工作的发展趋势所制定的计划，还是具有一定的操作性和成功的可能的。但是，在网络的冲击下生活节奏哪怕出现短暂的加快或混乱，都有可能打破现实生活或工作原有的发展趋势和发展阶段，使人们精心制定的计划落空。

（3）网络冲击下的生活节奏打破了原有的生活习惯。

习惯是人们通过长期的社会实践所形成的固定下来的约定俗成的东西，它产生的依据是人们的社会生活经验。习惯具有较强的长期性和稳定性特征，有的习惯甚至几千年延续下来，影响和规范着人们的社会生活。人们的生活习惯的改变需要巨大的外力才能打破，然而在网络环境中，由于网络作用下的社会生活节奏的变换，使得人们不得不通过改变一些固有的生活习惯来适应这种社会生活的变化。

2. 我们需要宽松的学习环境

（1）不是环境适应人，而是人要适应环境。

人们都在一定环境中生活和学习。学校、家庭、社会是我们每天都要接触的环境。这些环境都是客观存在的东西，是不以个人意志为转移的。我们就生活在这样的环境中，不能让环境来适应我们，而应该学会怎样去适应环境。任何环境中，都存在着对我们健康成长的有利因素和不利因素。我们应该很好地利用这些有利因素，并且努力把不利因素转化为有利因素，努力去适应这个社会。

（2）我们的学习生活需要压力，更需要宽松的环境。

任何一个事物的发展和前进，没有压力是不行的。我们的学习生活也是如此。父母的殷切希望是压力，老师的严格要求是压力，同学间的竞争是压力，每个人的理想和目标是压力，网络冲击下的生活节奏的快速变换更是压力。在我们的学习生活中，压力是无处不在的，只有正确地面对压力，把压力转化为动力，才能促使我们健康地成长。

在学习生活中，我们有压力但不应过度。中学阶段的学习生活应节奏明快而不慌乱，学习生活内容应紧凑而不混乱，这样才能让我们感觉到一种轻松的氛围。我们可以经常呼吸到新鲜的空气，我们的生活才会充满着阳光和希望。

3. 面对网络冲击下的生活节奏的变化我们需要强化社会适应力

（1）学会因势利导。

既懂得生活节奏变化的一般性，又知道生活节奏变化的特殊性，做到具体问题具体分析。对于生活节奏的不断加快和变换，能够学会根据特定的社会环境和生活需要去适应这种变化。

（2）学会灵活变通。

顺应网络冲击下的生活节奏变化，所需要的是对这一变化的适应。而一个人适应能力的提高，又需要学会灵活变化的方法。一切事物都不是千篇一律的，人类的社会生活也不是单色调。所以，我们应学会多种正确应对社会节奏变化的方法，以求能够灵活变通地运用。

（3）学会张弛有度。

俗话说，会休息的人就会工作。我们在自己的社会生活中，尤其是在网络冲击社会生活节奏的情况下，更应该学会合理地安排自己学习、生活与休闲，更应该学会在原有的生活节奏变化的前提下，去适应这种变化，通过适时、适度的休息，调节自己的时间，使自己对生活时间的支配更有效果。

小结

1. 在网络的冲击下生活节奏哪怕出现短暂的加快或混乱，都有可能打破现实生活或工作原有的发展趋势和发展阶段，使人们精心制定的计划落空。

2. 由于网络作用下的社会生活节奏的变换，使得人们不得不通过改变一些固有的生活习惯来适应这种社会生活的变化。

3. 面对网络冲击下的生活节奏我们需要强化的社会适应力有：因势利导、灵活变通和张弛有度。

相关链接

成功改变人们习惯的网站

1. 电子商务（B2C）：目前在电子商务类网站里，成功的有许多，最有代表性的是阿里巴巴、万国商业网、买麦网等。这些网站为什么成功？是因为他们改变了人们做生意的习惯，让越来越多人的潜意识里认可网上做生意是可行的，并且能取得不错的效果。

2. 旅游休闲：我国旅游休闲类的成功网站有携程和 e 龙网等。它们为什么能成功呢？其实它们改变了人们订机票的习惯，以前人们是上门购买或者电话订购，而现在可以通过网站来订购，使用起来简单、方便、实惠。

3. 人才招聘：我国最成功的人才招聘类网站有中华英才网和中国人才中心。参加传统人才的招聘，无非是去人才市场，而自从有了网络人才招聘后，改变了人们的招聘方式和习惯，使人们足不出户就可以登录人才招聘网站，填写有关个人信息。

4. 搜索引擎：我国最具影响力的中文搜索引擎有酷狗、

雅虎、百度等。网络出现以前人们无非是通过去图书馆、与朋友交流和订阅报刊等方式获取信息，而搜索网站的出现改变了人们传统获取信息的习惯，人们通过搜索网站获取信息既快捷又全面。

5. 休闲游戏：我国目前注册人数较多的休闲游戏网站有腾讯对战平台、中国游戏中心、黄金岛游戏中心、边锋游戏平台等。往常人们要打发时间，无非就是打牌、打麻将等，而这些休闲游戏需要一定基础才可以进行，比如时间、地点和人，但自从有了网络游戏后，只要有电脑就可以进行。

6. 个人博客：以前人们写日记，就是把每天所发生的事情用文字记录在本子上，而且许多人没有这样的习惯。自从有了博客网站后，人们发现在网络里写 BLOG，不仅很有趣，而且还很好用，文字、声音和图片都有。BLOG 改变了人们写日记的方式，也让更多人写日记了。

7. 个人理财：人们传统的理财和记账习惯无非是用本子来记，或者干脆不记。而财客在线（www. coko365. com）的出现，改变了人们的记账和理财习惯，人们渐渐习惯使用财客在线开发的免费网络在线记账本来进行个人理财规划。

8. 网上购物：人们的购物习惯一般是去超市或者小店买东西，但是自从有了网络后，人们可以在网上选购产品，坐在家里就可以买到产品，不仅省了去银行取钱、去超市购物的时间，而且可以第一时间浏览到全国各地的产品、进行价格比较等，网上购物改变了人们的购物习惯。目前我国较有影响力的网上购物商城有：淘宝网、易趣网上购物、卓越网上购物、当当网上购物、京东网上商城等。

思考与讨论

网络的冲击使社会生活节奏快速变化，请结合自身学习生活实际谈谈你是怎样适应这种快节奏的。

四、网络下的思维方式

提示

1. 电脑极其严重地阻碍着人脑进化的速度与过程。
2. 我们青少年应积极应对网络对思维方式的冲击。

1. 人类固有的思维方式

所谓思考，是指人们进行分析、综合、推理、判断等思维活动，也可以将其看成是人们对自己已经内化的外界信息的“发酵”过程。而思维是指高等动物及人类对事物反映和认识的能力。思维只有在人们反映及认识事物的过程中才能加以理解和认识。对于人类来说，思维有两种形式，即形式逻辑思维（抽象）和辩证逻辑思维（具体）。作为思考形式的主要思维活动有：

（1）分析。

指的是把一件事情、一种现象、一个概念分成较简单的组成部分，找出这些部分的本质属性和彼此之间的关系。分析的意义在于细致地寻找能够解决问题的主线，并以此解决问题。分析方法作为一种科学方法由笛卡尔引入，源于希腊词“分散”。分析方法认为任何一个研究对象都是由不同的部分组成的，是一种机制。例如，用分析的方法研究一棵树的组成，就是将作为分析对象的这棵树分成根、干、枝、叶、果实等组成部分，找出这些部分的本质属性和彼此之间的关系。

（2）综合。

指的是围绕一个中心意念，加工、改造许多旧材料，使之糅合成一个新的有机的艺术形象的过程；也是指将相关联的几件事情、几种现象、几个概念合成较为复杂的整体，从而找出这些相关联的事情、现象、概念的本质属性和彼此之间的关系。综合的意义在于用求同存异的方法寻找解决问题的办法。例如用综合的方法做某种报表；在小说创作中，将几个现实中的人物"原型"进行综合并艺术加工等。

(3) 推理。

指的是由一个或几个已知的判断（前提），推导出一个未知的结论的思维过程。其作用是从已知的知识得到未知的知识，特别是可以得到不可能通过感觉经验掌握的未知知识。推理主要有演绎推理和归纳推理。演绎推理是从一般规律出发，运用逻辑证明或数学运算，得出特殊事实应遵循的规律，即从一般到特殊；而归纳推理则是从个别性知识推出一般性结论的推理，即从特殊到一般。很多新发现、新发明都是通过推理的思维方式得出结论的。

(4) 判断。

指的是对事物情况有所肯定或否定的思维形式。判断由概念组成，是在实践的基础上反映现实的结果。如：什么是"是"，什么是"非"；什么是"善"，什么是"恶"；什么是"美"，什么是"丑"，这些都属于判断。

2. 网络对人类固有的思维方式的影响

(1) 网络冲击人类的思维内容。

网络给人创造了一个"虚幻的世界"。对网络越来越多的依赖，逐渐使人脱离了具体的社会生活实践。虚幻的事物多了，真实的事物自然就少了，而对虚幻事物的思考绝不可能利用和运用人类固有的思考客观真实事物的思维方式。虚幻事物较大面积的存在，给人们尤其是我们青少年学生的网络事物判断力的训练和提高增加了难度、设置了障碍。网络空间中，大多情形下固有的思维都要碰壁，尤其是当发现许多事物客观的规律和许多不同事物之间相互的关系在网络里却用很多的不为人们所熟悉的符号和图表信息表示时，人们只有无奈和困惑，从而对掌握和利用人类固有思维来分析、综合、推理、判断客观事物和客观问题的方式产生怀疑。这些从根本的思维内容上对一些客观事物的否定，是对人类的固有思维从根本上的否定，是对人类社会实践思考活动的否定，是网络冲击人类固有思维的一个主要方面。

（2）网络冲击人类的思维方式。

在网络空间中，很多事物并不完全依照它在现实社会中的特定规律和轨迹存在和发展，或者说，它的存在和发展严重地受到了网络环境的制约。这种情况下，人们很难通过自己固有的分析、综合、推理、判断等思维活动来对网络事物进行思考，或者说，如果人们依然根据自己固有的思维方式来思考网络事物，很可能得不到客观、准确的答案。网络空间对社会客观事物不加甄别和判断的、无选择性的容纳，并根据自己的方式表现出来，这就使客观事物可能会有失客观和准确。当然，网络中表现出来的客观现实事物，绝大多数还是符合实际的，只是在其存在和发展的表述上与人类的固有思维存在较大差异。尤其是有一些事物在网络中的存在和发展，如果人们依旧按照分析、综合、推理、判断等思维来分析，所得出的结果可能会与实际情况有相当的差距，有的甚至出现黑白颠倒、本末倒置的情况。这些从根本的思维方式上对一些客观事物的否定，是对人类的固有思维从根本上的否定，是对人类社会实践思考活动的否定，是网络冲击人类固有思维的又一个主要方面。

（3）电脑阻碍着人脑进化的速度与过程。

网络传播社会信息的快速、便捷，让人不再像先前那样“绞尽脑汁”地去获得某种信息。人们获得信息如此的容易、甚至不费吹灰之力，这些难免会滋生人的惰性，削弱人的斗志，涣散人的精神。网络作为一种生产生活工具的出现，让人们的社会实践方式发生了根本的转变。人们逐渐有意无意地疏远劳动、轻视劳动，忘记了“劳动创造了人的本身”这一真理。网络这一社会生产生活工具逐渐对其他社会生产生活工具的取代，尤其是对于如书籍、报刊、手机电话、电视传媒等信息输送、传播工具的取代，使这些工具的功能逐渐削减和弱化，也使这些工具逐渐失去了自身独立的意义。人们长久地“埋头”于电脑前，忽视了身体锻炼，也懒于身体锻炼，这也许是我国青少年体质目前下降到20年来最低水平的根本原因。另外，人们长久地沉迷于电脑，沉迷于漫无止境的电脑游戏，不知不觉中耗费了生命，贻害了人生。不仅如此，更有甚者，电脑对于大量知识信息全方位、多角度的储存、输送与传播，对于大量客观事物存在规律的迅速剖析与呈现，很大程度上减少了人们的分析、综合、推理、判断等脑力劳动，很大程度上削弱了人脑“机器”功能的发挥，阻碍了人脑不断进化的步伐。

3. 应对网络对人类思维方式影响的策略与方法

(1) 有意识地激发思考的兴趣。

兴趣是社会个体以特定的事物、活动及人为对象，所产生的积极的和带有倾向性、选择性的态度和情绪。“特定的事物”可以是听流行歌或打篮球等，特定的活动可以是演讲或义务劳动等，特定的人可以是某一学科的任课老师或某一体育明星等，它们都可成为兴趣的对象。“积极的”指的是充分调动了主观能动性动态的、主动的、活跃的接近，是兴趣的一种趋势。“倾向性、选择性”强调了人内心的一种极致的偏爱，也是兴趣的一种趋势。每个人都会对他感兴趣的事物给予优先注意和积极探索，并表现出心驰神往。对于思考兴趣的激发关键就是充满对社会生活的热爱，乐于思考，对于任何一种事物，不仅局限于知道“是这样”，还要深入探究“为什么是这样”。

(2) 养成“勤于质疑，勇于答疑”的习惯。

凡事多问几个“W”，“W”指的就是我们在英文中常遇到的“What（什么）”、“Who（谁）”、“Whose（谁的）”、“Where（哪里）”、“Why（为什么）”。遇到陌生的人和事，应养成勤问、多问的习惯，以积极主动的姿态投身于周围的社会生活。生活在现实社会中的每一个人都不是先知先觉，生活在现实社会中每个人的知识能力都是靠后天的学习不断提高的。正因为人类还有很多的未知知识、未知世界，所以任何一个人都要认真学习，而且要“活到老，学到老”。我们可以作这样一个形象的比喻：一个人的知识就像一个圆圈，圈内是他已知的知识，圈外是他未知的知识，当一个人知识越来越多，这个圆圈越来越大时，圆圈的周长也就是越来越大，他就会接触到更多的未知，更感到自己的无知。正因为如此，养成质疑习惯的重要性就不言而喻了，而且还应学会“于无疑处质疑”。多提问题，才会善于思考；勇于解答疑问，才会不断地增进知识和才能。

(3) 用思考来训练自己的大脑。

思考是靠我们的大脑进行的，思考反过来又可以训练大脑。通过思考的训练，我们可以使自己的大脑思维更加复杂、敏锐、迅速而深刻，适应于更为复杂的思考。思考训练方式主要有以下 4 种：

①大胆设想。

设想是因一事物而想起由之发展或生发的另一事物的思维活动。因为是由已知事物发展或生发的事物，所以这一设想出来的事物在现时是虚无的，或者说，设想是因为已知的现有事物而对未来的憧憬和畅想。

②反复联想。

联想是因一事物而想起与之相关事物的思维活动，如：由于某人或某种事物而想起其他相关的人或事物，由某一概念而引起其他相关的概念。回忆常常以联想的形式出现。由当前感知的事物回忆起有关的另一件事物，或由想起的一件事物又想起另一件事物，都是联想。客观事物是相互联系的，它们在反映中也是相互联系着，形成神经中的暂时联系。联想是暂时联系的复活，它反映了事物的相互联系。

③求异思维（逆向思维）。

逆向思维是人们重要的一种思维方式。它是对司空见惯的似乎已成定论的事物或观点反过来思考的一种思维方式。敢于“反其道而思之”，让思维向对立面的方向发展，从问题的相反面深入地进行探索，树立新思想，创立新形象。人们习惯于沿着事物发展的正方向去思考问题并寻求解决办法。其实，对于某些问题，尤其是一些特殊问题，从结论往回推，倒过来思考，从求解回到已知条件，反过来想或许会使问题简单化，使解决问题变得轻而易举，甚至因此而有所发现，创造出惊天动地的奇迹来，这就是逆向思维的魅力所在。

④苦思冥想（沉思与遐想）。

苦思，就是我们常说的沉思。它是指认真、深入地思考，在寂静和孤独中对某个中心意念或意象的深沉思索。沉思是一种收敛性思考。冥想，又称遐想。它与沉思相反，指的是悠远地思索或想象。遐想往往是一种发散性思考。

总之，强化自身是抗御外力冲击较好的办法。作为已知宇宙最高生命形式存在的人类，是“万物的灵长，宇宙的精华”，拥有着非同寻常的思维方式与思考能力，拥有着无与伦比的思想与智慧。网络对于人类固有思维方式的冲击确实存在，并且威胁着人类思维固有的内容包含与存在形式，给予了人类思维从未有过的最有力的挑战。人类的尊严不容亵渎，在这样的形势下，必须始终坚信两点：其一，网络是人类研制出来的，应该为人类服务；其二，作为“宇宙精华”的人类群体一定能凭借自身的非凡智慧和卓越才能，通过思考最终寻找出应对网络挑战、冲击自身固有思维方式的更有成效的办法。

小结

1. 从根本的思维内容和方式上对客观事物的否定，是对人类固有的思维从根本上的否定，是对人类社会实践思考活动的否定，是网络冲击人类固有思维的两个主要方面。

2. 作为“宇宙精华”的人类群体一定能凭借自身的非凡智慧和卓越才能，寻找出应对网络挑战、冲击人类固有思维方式的更有成效的办法。

相关链接

网络对青少年的思维方式的影响

计算机网络集文字、声音、图像于一体，构成一种立体化的传播形态，它对人类文化最深刻、最内在的影响恐怕在于人类思维方式的改变。书刊造就了书刊人的思维模式，即想象和逻辑思维能力发达。计算机网络等电子媒介则造就了多媒体人的思维模式，即形象思维能力发达，想象和逻辑思维能力较差。网络文化的突出特点是具有高度的综合性，超越了简单文字或静态图像的桎梏。然而，信息的高度图像化必然会使青少年习惯于放弃思考、追问本质的思维方式，它的形象化倾向则会诱导青少年用“看”的思维方式来认知世界，而排斥“想”。按照丹尼尔·贝尔的观点，计算机网络、电视等电子传媒在现代社会共同营造了一种平面化、标准化的“快餐文化”，这种文化消解了传统文化的深度模式，“在载体上，产生出一种距离的销蚀（eclipse of distance）现象，其目的是为了获得即刻反应、冲撞效果、不同感和煽动性。审美距离一旦销蚀，思考回味便没了余地，观众也被投入到了经验的覆盖之下”。

不可否认，计算机网络信息的丰富性对开阔青少年的眼界，帮助他们了解新鲜事物具有正面作用，但是信息的丰富伴随着信息的爆炸、信息的污染，网络上流动的各种冗余信息成为干扰青少年选择有用信息的“噪音”，影响了有用信息的清晰度和效用度，不利于青少年对知识的正常吸收。而且计算机网络挤占了青少年阅读书本、思考问题的时间，据1995年一项对9省市、自治区4845名青少年进行的调查发现，40%的人除了课本以外基本没有藏书，藏书50册的人只占36%，藏书500册以上的只有2%。阅读量的减少不仅影响了青少年知识结构的平衡，更重要的是极大地破坏了他们的文字应用能力。许多青少年计算机操作得非常熟练，却写不出漂亮的汉字、流畅的作文，文章中错字、病句随处可见。这种现象不能不让人担忧。

另外，经常和网络接触的青少年得到的信息量之大和占有的知识面之宽，就整体而言，是过去书刊人所不能相比的。可是，知识面宽，如果不加以提炼或梳理，往往是零碎和不系统的，欣赏能力可能会普遍得到提高，但眼高手低的现象比书刊人却严重得多。要避免这些不足，一是靠学校的系统教育，二是靠自己的主观努力。但要完全消除网络信息潮给青少年造成的知识紊乱现象仍是困难的，毕竟人的大脑信息承载量及信息处理能力是有限的，因此面对信息爆炸，许多青少年都患有现代精神病——“信息焦虑”。

（摘自百度网，作者：佚名）

思考与讨论

在网络冲击人类思维方式的形势下，请运用人固有思维对“秋天落叶”现象进行思考。

五、电脑与人脑

提示

1. 人类面临着被电脑工具“物化”、“奴化”的严重危机。

2. 人类面临着陷入自我迷失的深重灾难。

3. 守望自我就是要保持自我的本色，尤其在网络的冲击下。

1. 人类面临着被电脑工具“物化”、“奴化”的严重危机

所谓“物化”，就是说本来不是客观事物的东西在客观外力作用下转化为了客观事物或有这种转化的趋势。这里所说的“不被电脑工具物化”的含义是不因为客观工具电脑的外力作用而使操作电脑的人逐渐成为客观事物——电脑或其他客观事物。其本质是不能丧失人的生命意义。所谓“奴化”，就是说本来不是客观事物奴隶的东西在客观外力作用下转化为了客观事物的奴隶或有这种转化的趋势。这里所说的“不被电脑工具奴化”的含义是不因为客观工具电脑的外力作用而使操作电脑的人逐渐成为客观事物的奴隶——电脑的奴隶或其他客观事物的奴隶。其本质是不能丧失人的生命尊严。这是对网络时代里人性使命与尊严的深层思索，是对人类未来前景的客观而冷静的拷问。网络的出现和发展，强烈地冲击和改变了人们原来固有的生活形态和生活模式。电脑逐渐成为了人们生活的必需品，人们对电脑的依赖程度和痴迷程度越来越深，很多人断言自己如果离开了电脑就不能生活。殊不知，就在电脑逐渐走进我们生活的同时，也慢慢成为我们生活的“主宰”，人心慢慢开始迷茫，人性慢慢开始迷失，人们在不知不觉中会突然发现，自己也许被电脑“物化”、“奴化”了。

2. 人类面临着陷入自我迷失的深重灾难

人类不被电脑工具“物化”、“奴化”的重要意义是，从根本上保证人类不至于陷入自我迷失之中，而能始终保持人性本色。在网络环境中，自我的迷失，就是对自我纯真本性的迷失，就是对自我纯洁人心的迷失，就是对作为自我本质的人性的迷失。迷失自我，是对生命尊严从根本上的嘲弄，是对生命意义从根本上的否定，是生命从形式到内容的最大痛苦和灾难。

（1）人的社会生活首先需要满足“吃”、“穿”、“住”的需求，但是“吃”、“穿”、“住”不代表人社会生活的全部。

如果一个人光知道吃、穿、住，那他就与“行尸走肉”无异，与其他动物无异。人之所以能够成为高级动物，就是因为有思想活动，有精神需求。只强调人的物质需求，而忽视甚至无视人的精神追求，是只知道人的自然属性，而不了解人的社会属性的表现，是弄不清楚人为什么要成为人的本质原因。

（2）迷失自我就是对人的社会属性和主观能动性的根本否定，“人”已不能成为“人”。

在网络环境下，如果一个人在现实的社会中，只解决吃、穿、住这些问题，把他所有的社会活动、所有的作为人的思想和情感都放置在一个虚拟的世界里面，就极可能导致自我的迷失，那是非常危险的。我们从不否认虚拟的网络世界也有真实，但是，建立在虚拟基础上的网络世界的真实度是有限的。如果一个人把自己的所有社会活动和全部的精神都寄托在一个虚假而不是真实的网络环境中，那么我们的所有社会关系就变成了单一的人和机器的关系。我们的所有思想、精神和情感，由于寄予虚假之中就会变得虚无。我们一切的社会活动都由网络这个工具所“代劳”，就会导致主观能动性得不到充足和真实的发挥，甚至萎缩、消失。这一般表现在：精神萎靡与错乱，斗志消失，在一切困难面前彷徨不前、束手无策，人生方向迷失，最终导致自我迷失。

“人心”是肉长的，它懂得喜怒哀乐，懂得体贴关怀，而“机芯”除了一块芯，一块铁，什么都不是。就算科技水平再发展，网络技术再普及，网络的作用在人类社会活动中再明显、再重要，“人心”都是不可替代的。人的纯真、善良、激情，乃至痛苦、沮丧、悲哀，都是“举世无双”的，机芯、机器永远都做不到这些。试想，如果“机芯”真的代替了“人心”，那么，“人”不再成为“人”，“社会”也不再成为“社会”，“世界末日”就真的到来了。

（3）人性尊严不容亵渎和践踏。

如果人性尊严受到亵渎和践踏，那么社会伦理将得不到有效的维护，社会道德将不可能得到规范，社会活动将不可能开展。这也是为什么人类已经掌握了“克隆”技术，但不能进行“克隆人”的研究与实践的原因所在。只有永远高举人性的旗帜，高扬人性的光辉，机器才会永远是机器，人才会永远是人。也只有永远高举人性的旗帜，高扬人性的光辉，人性尊严才永远不会被亵渎和践踏，人性才会始终保持自我本色，而不至于迷失。

最后，需要强调的是，如此细致地分析网络对人类的消极影响，既不是对网络持有倾向性的诋毁，也不是脱离社会实际的危言耸听，而是深入地辩证地分析，因为这些消极影响，往往是人们，尤其是我们青少年学生很难看到和认识到的。消极影响再多，也只是事物的一方面，分析网络的消极影响并不是否定网络的积极影响，以及网络对于人类的划时代意义。

3. 守望自我，守望幸福

只有保持自我本色，才可能有美好的人生。在这里，我们要讲的自我本色的保持，是在保证自我不迷失的前提下，对自我人性中纯洁、真诚、善良、美好的守望；也是对自我人性中纯真、真情实感的坚守；更是对自我人生的全部幸福的坚信与保护。守望自我、守望幸福需要勇气，需要智慧，需要一种对自我始终如一的坚忍和守护，需要一种对人性美丽和人类美好的坚信与虔诚，需要我们终极一生对纯洁、真诚、善良、正直的不懈追求。只有这样，人类社会才能完成从必然王国向自由王国的飞跃；只有这样，人的一生才是真正属于自己的一生，才是永葆自我本色的一生，才是充满无比美丽和无限幸福的一生。

小结

1. “人心”是肉长的，懂得喜怒哀乐和体贴与关怀。而“机心”除了一块芯、一块铁，什么都不是。

2. 分析网络的消极影响并不是否定网络的积极影响以及网络对于人类的划时代意义。

相关链接

信息社会中的主人与奴隶

信息社会是人类社会继牧业、农业和工业三个主要社会形态之后一种新的社会形态。同前三个社会形态不同的是，在信息社会中，人类的主要劳动对象和劳动成果是各种信息。决定人们社会地位和力量的主要因素不再是拥有传统财富的多少，而是信息的拥有量和处理、储存能力。对普通人来说，信息社会给我们带来的主要变化是信息传播媒介的多样、信息传播总量的增加、信息传播条件的改善、信息传播权力的实现。但同时，由于工业社会向信息社会过渡的思想准备、知识准备、技术准备等方面的不足，信息社会又带给我们许多问题，其中最突出的莫过于在“信息爆炸”的社会环境中，人们由于把握不准信息传播的运行规律，掌握不了有效的信息识别、收集、处理方法，结果受信息的支配和摆布，成为信息社会的奴隶。正如在工业社会中，人们成了机器的奴隶、金钱的奴隶和物质的奴隶一样。人们向往信息社会的到来，追求信息的拥有，最终应该是使自己获得更大的自由，获得对世界更加有效的认识和支配。而只有善于充当信息社会的主人、善于充当信息的主人，我们的这一目标才有可能实现。

首先，我们的思想观念要改变，明确信息占有和知识占有的真正涵义，明确信息获取的方向。在传统社会中，人们更加关注的是对传统文化和知识的传承，多读书、读古书就成为人们获取信息的主要形式。当代人之间所进行的有效信息交流成为掌握资源、掌握力量的主要形式，对过去知识的接受成为人们掌握当代信息的一种辅助性传播活动。当大家都明白并都已经站在巨人的肩膀上之后，谁拥有最新的、他人所没有掌握的信息，谁就成为最有力量的人。

其次，要提高信息收集、处理和运用的速度，适应现代社会的生活节奏。人类社会若干万年的发展中，生产和生活的节奏是不断加快的。这种变化一方面是由于人口的增加和生存空间的相对缩小导致了人们对物质资源的争夺，先下手者为强，谁也不甘心慢腾腾地等待别人的宰割；另一方面也是由于信息传播速度的加快，使人们可以越来越方便地随时调整自己的决策和部署，以适应不断变化的主、客观情况。

第三，在信息社会中，要有高超的信息分辨能力和准确的信息判断能力，善于透过笼罩在信息表面的迷雾发现其精华。在信息社会中，社会信息的流动总量将大大超出人们的信息处理能力，信息内容的复杂性也大大超过了以前所有的社会发展阶段。信息环境的复杂甚至可以用“恶化”来形容。往往在一些不为常人所注意的小地方，可能隐藏着反映世界重大变化的征兆性信息。正如地震之前自然界的许多征兆往往被人们所忽视，许多有价值的信息也因为其“太小”而没有引起人们的重视。事后再想，令人痛惜。

第四，在信息社会中，人们更要增强团结协作的意识，自觉地将自己纳入社会传播网络之中。传统的信息传播工作多是一种个体性劳动，即使是面向社会的传播活动，也是在以个体劳动方式完成信息作品之后再推向社会。新形势下的工作自由和个体化劳动是建立在高度协作基础上的，没有社会各方面广泛的配合，没有信息传输网络的强有力支持，新时期的个体化劳动是无法实现的。

（节选自段京肃2006年4月12日人民网署名文章）

思考与讨论

请你充分发挥想象，画一幅题为“人被电脑‘物化’”的漫画。

六、中国特色的网络文化

提示

1. 网络文化是指网络上的具有网络社会特征的文化活动及文化产品。

2. 加强网络文化建设，是促进中国特色的社会主义网络文化的大发展、大繁荣的基本途径。

1. 网络文化的定义及特征

2003年9月7日文化部颁发了全国第一批《网络文化经营许可证》。凡得到《网络文化经营许可证》的企业都可以从事网络游戏、网络音乐、网络动漫、网络视频、网络知识产权保护和内容管理等五大领域的业务。那么，什么是网络文化？网络文化的特征又是什么呢？

（1）网络文化的定义。

网络文化是指网络上的具有网络社会特征的文化活动及文化产品，是以网络物质的创造发展为基础的网络精神创造。网络文化常常有别于网外文化，如在文字的表达上表现为火星文、特殊符号、繁体字等流行趋势，在更新的速度上表现得特别快等。

（2）网络文化的存在时空及创造主体。

自从计算机网络出现，网络文化即开始出现。最初的网络文化还有较多的地球上其他人类社会文化的特征以及计算机文化的特征。这一时期真正的网络文化应该讲还没有出现。网络作为文化信息的载体只是传播网络外的其他文化。人们可以发现网络上传播的小说所用的文字、语言、修辞语法都不是网络创造的，网络电影不过是网络外的电影的数字化方式的再现和传播。换言之，没有网络，这些小说、电影也会出现或者已存在，网络解决的是网络外文化传播的技术问题。

（3）网络文化具有区域化、多样化及国际化的特征。

不同民族地区会出现不同的网络文化，同一民族的网络文化会有不同形式。互联网产生国际化的文化，不同国家都开放互联网，不同民族的网络文化互相融合，会出现公用的各民族都能享受的文化，从而形成国际网络文化区。

2. 加强网络文化建设，努力促进中国特色社会主义网络文化的大发展、大繁荣

（1）发展网络文化技术，拓宽网络文化发展空间。

为了保证我国网络文化的健康发展，必须大力发展网络文化技术。要瞄准世界文化科技发展的战略前沿，加强数字技术、数字内容等核心技术的研发和应用，掌握自主知识产权，提高文化装备制造技术水平。要进一步加大新一代网络、“防火墙”、“电脑密码”等重点领域的技术攻关和研究开发力度，着力构筑政治、经济、文化等领域的过滤网站，积极开展与各国政府及相关国际组织在互联网技术、标准规范、资源分配、网络接入、互联网治理等方面的交流与合作，建立有效的沟通协商机制，促进互联网快速健康发展。

（2）发展网络文化产业，用优秀文化占领网络阵地。

要做到以先进文化引领网络文化，必须以强大的民族网络文化产业为支撑，不断提高优秀网络文化产品和服务的供给能力。要以市场为依托，不断提高网络文化产业的规模化、专业化、国际化水平，努力形成一批“立足中国、放眼世界、社会责任感强”的网络文化骨干企业；要以产品为基础，不断增强我国网络文化产业的自主创新能力，努力推动网络文化产品的创作和生产向原创为主转型升级；要以中华文化为重点，创新文化服务方式，大力加强数字图书馆、博物馆、文化馆、艺术馆建设，努力形成一批具有中国气派、体现时代精神的中国特色网络文化教育阵地。

（3）建设网络文化队伍，为网络文化发展提供人才支撑。

网络文化队伍既包括网络文化的建设人才，也包括网络文化的管理人才。面对新兴的网络文化产业，人才短缺是一个重要的瓶颈，不仅数量上不足，而且人才构成也不平衡，高端人才稀缺，中低端人才也十分紧张。繁荣网络文化，造就网络文化产业人才，就需要着力培育网络文化创意、技术、管理、营销等专业人才，努力形成一支与市场相适应、与品牌相适应、与我们的经济规模相适应的网络文化队伍。同时，还要建立网络空间教育与现实空间教育为一体的教育体系，进一步提高人们利用网络的能力和网络文明素养。

（4）加强网络文化管理，推动网络文化健康发展。

如何通过创新与规范，促进网络文化的和谐发展，已经成为文化发展和创新的要求。加强网络文化管理，就是要充分适应信息技术的发展和形势的变化，积极实施网络文化管理的监督职能、引导职能、规范职能、惩戒职能，加快建立法律规范、行政监督、行业自律、技术保障相结合的网络文化管理体制和机制，推动网络文化健康发展。要充分发挥行业自律组织的作用，充分发挥专业人士在行业自律中的作用，互联网企业要切实肩负起自己的社会责任，加强自律，文明办网。要通过思想政治工作和网络伦理教育，促使人们自觉树立起网络自律意识，遵守网络道德，不断巩固网上社会主义思想阵地。

小结

1. 网络解决的是网络外文化传播的技术问题。

2. 网络文化具有区域化、多样化及国际化的特征。

3. “立足中国、放眼世界、树立强烈的社会责任感”，具有“中国气派”和“体现时代精神”是中国特色社会主义网络文化的核心内容。

相关链接

中国特色网络文化发展问题分析

首先，网络文化的主要参与者是青少年。据2007年1月公布的中国互联网发展状况统计报告显示，40岁以下的网民占网民总数的90.7%，其中30岁以下的占72.1%、24岁以下的占52.4%。由于年龄和阅历的原因，他们约束自身言行的能力和抵御各种社会诱惑的能力相对较弱，容易成为网络不良信息的影响对象。

其次，网络文化的传播具有匿名、实时、互动的特征。过去人们大都是媒体的“受众”，被动地接受舆论和信息，很难成为信息的发布者。而网络中，每个人都可以通过自己的网页、博客、BBS 等随时向社会发布信息，而且他人不知道其真实的姓名、性别、年龄、形象、信用程度。在这种“无标识状态”下，很容易产生“违规”言行。

再次，少数组织和个人利用网络无国界，信息流动速度快、分布广、影响面大，网络法律法规不健全等特点，蓄意制造谣言和矛盾，挑起事端，破坏社会稳定，获取非法利益，企图达到居心叵测的目的。在现实生活中滋生道德缺失、违法犯罪等社会现象。

（摘自 2007 年海南三亚第七届中国网络媒体论坛）

思考与讨论

你打算为中国特色社会主义网络文化的大发展、大繁荣做哪些具体工作？

如何看待网络带来的无穷精彩与重重困惑，怎样深入了解网络作为当今社会重要学习生活工具促进我们全面发展和个性塑造的社会事实，怎样正视中学生沉迷网络的现象，如何探求沉迷网络的原因，采取哪些方法可以防止对网络的沉迷，这些都成为处于现实网络社会中和现实网络环境下的我们，在认识网络、直面网络的进程中，必须清醒对待、冷静分析的重要问题。

第三章

网络的精彩与困惑

一、网络为我们的全面发展提供了巨大空间

提示

1. 网络体现了现代社会生活品质的水准，构建了现代社会个体发展的坐标。

2. 学生全面发展是网络时代的社会要求，网络也扮演着促进我们全面发展最重要的工具之一。

1. 网络体现了现代社会生活品质的水准

生活品质与社会生活品质概念的提出，是以网络科研水平、网络技术高速发展，网络覆盖广度、深度快速扩展，网络信息传播速度空前提高和网络操作水平基本普及等为条件的。一方面，网络促成了社会生活品质的发展；另一方面，网络体现了社会生活品质的水平。

网络体现了现代社会物质生活的富足。随着生产力水平的飞速发展、物质文明的不断进步，人们的生活已基本摆脱了贫困；随着社会分工越来越细密、人类社会化程度的不断提高、社会基本矛盾进一步趋于缓和，人们的社会物质生活已日益富足。尤其是进入21世纪后，电脑这种社会生产生活工具已逐渐成为人们生活的必需品，整体的社会物质生活品质已经达到了一个崭新的高度。这主要体现为两个方面：其一，作为中高档生活消费品——家用电脑的人均拥有量不断提高。例如，截至2007年底，上海市每百户家庭拥有家庭电脑81.1台，湘潭市每百户拥有家庭电脑37.7台（均没加上政府机关、企事业单位，以及网吧在内的电脑拥有量），比2006年同期有很大提高。其二，包括家用电脑在内的城镇居民家电更新换代的速度

明显加快。近几年来，随着电子产业的飞速发展，新型家用电器层出不穷，居民对耐用消费品更新换代节奏明显加快，并不断由实用型消费向享受型消费迈进。例如，截至2007年底，湘潭市城镇居民人均家庭用品设备及服务消费支出达477元，比2006年增长29.7%，占城镇居民家庭消费性支出的6.2%。由此可见，我国城镇居民社会物质生活品质在由温饱型、生存型向发展型、享受型转变。

网络体现了现代社会精神生活的品位。网络的不断发展还为现代社会精神生活品质的不断超越，提供了十足的动力，而网络本身也体现了社会精神生活的品位。网络的发展不断冲击着人类社会中原有的生活内容、方式和节奏，并试图打破人类固有的思维方式，使得网络社会中生活的人们，在不断应对各种网络冲击和挑战的同时，更迫切企盼自我精神家园的寻觅、自我精神支柱的建立、自我心灵和精神世界的皈依。网络虚拟空间的建立，恰恰为人们上述精神需求提供了一个"自由自在"、"我行我素"的空间。在这个空间里人的潜能可以得到最大限度的发掘，人的价值可以最大可能地实现。网络给予了人们一个休憩、消遣和精神调理的空间。网络提高并体现着整个现代社会精神生活的品位。这种体现方式主要有两个方面：其一，网络体现了人各个层面，尤其是精神层面的需求，并为人的精神需求提供了最大的可能。美国科学家亚伯拉罕·马斯洛把人的需求，由较低层次到较高层次依次分成生理需求、安全需求、社交（感情上的）需求、尊重需求和自我实现需求五类。其中较高层次的社交（感情上的）需求、尊重需求和自我实现需求在网络中都有体现，并且网络社会为这三类较高层次需求的实现提供了比现实社会更为广泛的空间。其二，网络使人们更注重精神生活的满足。网络使人们的生活内容丰富了，生活节奏加快了，施展自我才华的空间扩大了。社会物质生活品质越来越富足、越来越优越，使人们更感内心的空虚与寂寞，更感精神生活的重要。在网络中，知识和信息输送、传播方式的丰富多样，更显人性化和精神特质；在网络中，电子书籍从形式到内容多角度、全方位"雅俗共赏"的呈现，更体现了网络使社会精神生活品质向高层次、高品位发展的贡献。

2. 网络构建了现代社会个体发展的坐标

网络空间是巨大的，在巨大的网络空间里，每一个生活在现代社会中的人都能寻找到自我发展的坐标。什么是个体发展的坐标呢？简单地说，就是作为社会个体的人，在社会中展现自我潜能、实现自我价值的最佳发展标尺和最佳社会切入点。也就是说一个人站在怎样的社会高度、处于怎样的社会位置，才能最大可能地把自我个体发展与社会整体发展有机地结合起来，在自我个体发展的同时促进社会整体发展，为社会整体发展做出自己的贡献。而具有如此功能的个体发展坐标，网络已经创建出来了。

（1）网络构建了现代社会个体发展的纵坐标。

所谓社会个体发展的纵坐标指的是社会个体发展的高度、深度。以网络为代表的新信息、新技术的迅猛发展，对现代社会人才的要求越来越高，也给现代社会个体的发展构建提供了比先前更高的要求。许多目光敏锐的人，凭借着广阔的网络空间，牢牢抓住了网络提供给他们的机遇，不断增加社会阅历、提高生活能力，在自己的人生履历中注重实践的积累。他们牢牢把握住网络所构建的个体发展坐标的纵深方向，紧跟着时代的脉搏，努力把自己培养成符合现代社会个体发展要求和未来人才标准的可造之才。

20世纪90年代初期，互联网刚刚兴起，26岁的年轻人杨致远，在美国斯坦福大学念博士生，他当时就迷上了电脑，每天在网络上漫游，同时收集所喜欢的网络站点名称，在1994年，他根据斯威福特所著的《格列佛游记》中的野兽的名字将其站名取名为Yahoo，创办了美国最大的搜索引擎网站。到1995年，利用风险资金400万美金的投资，雅虎如虎添翼、迅猛发展。1998年股票上市，2000年市场价值高达903亿美金，这时年仅31岁的杨致远身价已超过40亿美金。五年左右的时间，超过40亿美金的身价，杨致远利用网络使自我价值得到社会极大的认同，创造了一段属于自己的网络传奇人生。雅虎的崛起，也是网络世界发展的一个象征，受到信息以及股市业界的高度重视，成为国际上最具影响力的中文网站之一。在2003年《福布斯》杂志上公布了美国400名大富翁排行榜，杨致远排名162位，高居华人榜首。杨致远的成功就像一个网络神话，他充满着神奇色彩，即使是那些声名显赫的电脑英雄，比尔·盖茨、格罗夫也不得不为之惊叹。

近年来，关于比尔·盖茨成为世界首富，杨致远一夜之间资产亿万的报道比比皆是，其中透出的是深深钦羡之情。但是在这背后人们不难看出，他们的成功除个人因素外，更离不开网络给他们个体发展构建的纵坐标。

（2）网络构建了现代社会个体发展的横坐标。

社会个体发展的横坐标指的是社会个体发展的宽度、广度。网络构建的个体发展横坐标往往表现为：网络内容的感染和网络事物（包括人）的榜样作用。

2007年8月14日，在布拉格世界残疾人网页制作大赛中，一位网名叫“中华英雄”的小伙子在6个小时的网页制作比赛中获第五名，捧回了鲜花和奖杯。此外，他还先后取得了广东残疾人网页制作第一名，全国残疾人网页制作第二名等优异成绩。“中华英雄”名叫刘勇，是深圳“中华残疾人服务网”的副站长，大家都亲切地叫他阿勇。身高不足1.30米的阿勇今年27岁，两岁那年，他因不小心掉进地窖摔坏脊椎落下残疾。在西安读了3年技工学校的阿勇回到了深圳，他去一家报社申办报刊亭，可那里的负责人却对他说：“你形象不好，不能给你。”此后，阿勇做过陪护义工、打字员，但最终感到难以找到一个与常人无异的位置。两年前，阿勇认识了中华残疾人服务网的站长郑卫宁，开始学习网页设计制作。刘勇近乎痴迷，每天工作15个小时以上，同一个内容的网页有时要做几百次。从不懂到懂，从不会到会，他的技术日趋成熟。曾经有位从事科技工作的女士，在看了阿勇制作的网页后，还打电话问是不是出自专业人员之手。

刘勇的成功离不开他身残志坚、锲而不舍、坚忍不拔的品质，离不开中华残疾人服务网站的“慧眼识英雄”，更离不开网络为像刘勇一样的社会弱势群体构建的个体发展横坐标。

3. 中学生全面发展是网络时代的社会要求

（1）中学生全面发展的各项指标。

德育方面：有良好道德规范，讲文明、懂礼貌。

智育方面：学习成绩优良，学不偏废。

体育方面：坚持锻炼身体，有强健的体魄，有完善的心理素质。

美育方面：有正确的审美标准，向往美好事物。

劳动方面：讲究卫生，热爱劳动，生活上自理自立。

中学生的全面发展就是要求我们能够在上述各方面全面、协调发展。

（2）中学生全面发展的终极目的。

通过德智体美劳的全面发展，努力提高我们的思想道德素质、科学文化素质、身体心理素质和审美素质，达到自我人格的健全，是我们全面发展的终极目的。

（3）网络时代更要求我们全面发展。

网络时代对人的要求越来越高，对人发展的要求越来越全面。网络社会昭示着未来社会对于人才的模式要求是“T”型人才、是复合型人才。因此，我们只有拥有协调的自我发展能力和广博的知识，才能加快全面发展。

（4）网络空间为我们全面发展勾画了美妙蓝图。

在网络社会中，网络空间的巨大和我们个体发展要求的全面相契合，能有机结合起来。我们的全面发展是时代的要求，也是自我不断完善的要求。而不断发展和扩大的网络空间满足了中学生全面发展的主客观要求。网络充当着促进我们全面发展最重要的工具，为我们的全面发展勾画出了美妙蓝图，使我们对自我未来有了无限憧憬。

小结

1. 社会生活品质可分为社会物质生活品质和社会精神生活品质。

2. 网络充当着促进我们全面发展最重要的工具，为我们的全面发展勾画出了美妙蓝图。

相关链接

陈天桥：用游戏《传奇》创造财富传奇

2004年10月20日上午10时，醉心于给富豪们排排座次的英国人胡润正式公布了“2004IT富豪榜”。其中，上海盛大CEO陈天桥以88亿身家占据着首富之位。

陈天桥今年才30岁。在百富榜中，他不仅是财富升级最快的一位，也是最为年轻的一位。

网络神话的诞生

1993年，陈天桥以上海市唯一的“优秀学生干部标兵”从复旦大学经济系提前一年毕业，进入了著名的上市公司——上海陆家嘴集团。由于他的努力很快就升任为董事长秘书。之后，他放弃了投身仕途的大好机会，来到一家证券公司。也就是在这里，他发现了网络的潜在前景。陈天桥可以说是属于中国第一批接触互联网的人，促使他爱上互联网的因素有两个，一是陆家嘴集团总裁办公室里有24小时上网的电脑。这在当时的中国，还属于极其稀罕之物。二是陈天桥的弟弟学的是计算机，这使陈天桥"过早"地染上了互联网的瘾，尤其是其中的电脑游戏。

1999年，陈天桥毅然决定加入".com热潮"，他用筹集到的50万人民币作为启动资金，成立了盛大网络公司，选择以社区游戏为主业进入，推出一只基于WEB的叫做史丹莫的小狗，并为此建立了一个虚拟社区——归谷。短短数月陈天桥便成功了，盛大不但拥有了100万左右的注册用户，还获得中华网300万美元的投资。后来除了社区游戏，盛大还在卡通、漫画以及相关领域齐头并进，可谓盛况空前，直接为中华网带来了300万的浏览量和每月数十万的广告收入。2000年底，互联网的冬天随着冬季而来，一个个互联网公司陆续陷入低潮，盛大该何去何从？陈天桥再一次作出选择——从社区游戏转向大型网络游戏。2001年，盛大网络宣布正式进入互动娱乐企业，先后代理运营《传奇》、《疯狂坦克》、《泡泡堂》等多款大型网络游戏。《传奇》上线两个月的测试期是陈天桥最引以为荣的一段经历。他拿到韩国方面合约之后，找到浪潮、戴尔等服务器厂商，告诉他们，我们要运作网络游戏，申请试用机器两个月。服务器厂商马上将他认定为潜在大客户，极力配合。陈天桥又拿着服务器的单子，以同样的方式与中国电信协谈。"浪潮、戴尔都给我提供服务器，我们需要很大的宽带运营游戏。"就这样，陈天桥带着他的盛大艰难地熬过了两个月的游戏测试期。

尽管过了第一关，前景仍不容乐观。面对市场的压力，陈天桥深知服务的重要，在公司资金薄弱的情况下，他仍然毫不犹豫地投入500万元巨资，建了一套大规模的呼叫中心。呼叫中心规模可与电信级呼叫中心媲美，平均每天接听超过3000个电话，相应问题提交、答复只需24小时。如今，这种服务模式已经成为中国网络游戏业的默认标准。在陈天桥的带领下，盛大成为世界上拥有最多同时在线用户数的网络游戏运营商，到2004年9月底，盛大网络的注册用户近1.5亿人，最高同时在线人数超过100万，拥有中国68%以上的市场份额，成为中国互动娱乐产业的领先者，并且是世界上拥有最多同时在线用户数的网络游戏运营商，被国外媒体誉为世界三大网络游戏运营企业之一。

“网络迪斯尼”之梦

盛大网络员工接近700人，平均年龄不到25岁。随着公司的壮大与成熟，盛大形成了“创新、沟通、乐趣”的自身风格与企业文化。在谈到行业发展时，陈天桥认为，网络游戏作为互动娱乐产业的组成部分，在未来几年内都将呈现高速成长的态势，越来越多的企业和产品将会进入这一市场，竞争无疑将大大加剧。因此在进入2003年时，盛大制定了三步走的长远发展战略：首先，建立网络游戏运营平台，不断引进优秀网络游戏产品，建立覆盖7岁至70岁用户的多样化产品平台。其次，整合产业价值链，推进开发适合中国市场的优秀产品；开放已有的综合销售平台，协助做好下游企业的整合工作。最后，开发与游戏相关的周边产品，促进网络游戏文化的形成，并通过挖掘网络游戏自身的媒体资源，发展相关的媒体和广告业务。

陈天桥的目标不是世界最大的网络游戏运营商，而是网上迪斯尼。陈天桥敢于做这样的梦是因为他选对了行业。中国有世界最多的人口，互联网是世界最具变数的行业，这两个时势造就了今天的网络英雄陈天桥。

（选自2004年第5期《情系中华》）

思考与讨论

请你为自己制定一份有关“利用网络全面发展”的计划。

二、网络为我们的个性塑造提供了广阔舞台

提示

1. 人之所以为人，不在于人的自然性，而在于人的社会性。

2. 人的个性是其不同于他人的标志。每个人都有属于他自己的个性，并各个不同。

3. 网络时代的到来，既为我们个性塑造提供了必要的客观条件，又给我们个性塑造提出了较高的要求。

1. 个性是社会个体人的本质特性

（1）人的本质是什么。

马克思主义认为，人的本质在其现实性上是一切社会关系的总和。根据这一含义，人们应对人的本质作如下理解：人的本质不是先天的，而是在后天社会生活和社会实践尤其是生产实践中形成的。由于人的社会关系会发生变化，所以人的本质并不是永恒不变的。由于人的社会关系不同，所以人的本质也就不同。人的本质是多方面社会关系的总和。其中，生产关系是其他一切社会关系的基础。在阶级社会中，人的本质主要表现为阶级性。应当说明的是，关于人的本质可以作两个方面的区别：一是人与动物的区别，二是人与人的区别。从人与动物的区别角度上说，人的本质在于社会劳动，这是整个人类与动物的根本不同；从人与人的区别角度上说，人的本质在于社会

关系，由于人们所在的社会集团不同，所处的社会地位不同，因而人与人不同。

（2）人的自然属性和社会属性。

从“人的本质在其现实性上是一切社会关系的总和”这一观点出发，必然得出结论：人的最根本的特性是人的社会性；人既有自然属性又有社会属性。所谓自然属性是指人的肉体存在及其特性；所谓社会属性是指在实践活动的基础上人与人之间发生的各种关系。自然属性是人存在的基础，但人之所以为人，不在于人的自然性，而在于人的社会性；人的社会性在阶级社会中突出地表现为人的阶级性。

（3）社会个体人的共性和个性。

其实人都是一样的，之所以有不同，那是因为遗传基因、家庭出身、父母亲人、教育方式、社会环境，人生经历、文化程度、出生属相名字、外貌服饰、职业地位、经济状况、家庭背景等的不一样，导致了不同的人。但我们应该从这些个性看到人的共性，这样有助于我们更全面而深刻地认识人和社会。一个人的任何表面现象都有其更深刻的原因。如果说，你这个人很深刻，深刻到了人最根本、最本质、最实质的东西，那就意味着你展示了自我本色。

最近几年，人们都在追求时尚，张扬个性，但因此却造成了人与人之间的距离渐渐疏远，但是这并不意味人与人之间的共性的丧失。因为，个性不能脱离共性，个性是在共性的基础上发展起来的。个性的发展，如果脱离了社会的要求，它就会失去生存的基础和空间，更谈不上自由了。现代社会里，共性和个性是并存的，它不是鱼与熊掌的关系，而是皮与毛的关系，琴与弦的关系，土地与庄稼的关系。

同时，人的个性是其不同于他人的标志。每个人都有属于他自己的个性，并各个不同。10 个人拥有 10 种不同的个性，100 个人拥有 100 种不同的个性。并且，人的个性是可以通过后天塑造的。

2. **“认识你自己”**

“人是一切社会关系的总和”，这是哲学上对“人”的解释。马克思主义哲学认为，人不但具有自然属性，更具有社会属性。社会属性是人有别于其他动物的本质属性。下面，就从三个不同的视角来诠释人的这一本质特性。

（1）“司芬克斯”之谜。

古希腊有个传说，传说在一个王国城堡的附近有个女魔叫“司芬克斯”。她整天守着那条过往行人必经的路，让人猜一个谜：“什么东西早上是四条腿，中午是两条腿，傍晚是三条腿”。如果行人不能答对谜底，她就会把他吃掉，让行人下到地狱；如果猜出来了，她自己就会死去，让行人留在人间。很多人都猜不出谜底，于是王国中死去了许多的人，外面的人也不敢来这个地方了。这时，王国内外都充满了恐惧。终于有一天，一个叫“俄狄浦斯”的年轻人来到了司芬克斯的面前，说出了这个神奇东西的谜底——人。司芬克斯于是死了，而这个谜语始终流传了下来。

“司芬克斯”之谜，其实就是人的生命之谜、人的生死之谜。人在学习长大、在成熟中慢慢认识自己以至逐渐衰老，终极一生。

当下，人类赖以生栖繁衍的地球已然变成了狭小的村落，但现代科学技术的飞速发展，特别是网络技术的高速发展，在提升人类生活质量，使人类充分享受现代文明与高科技成果带来的无尽便利和享受的同时，也给人类带来了数说不清的弊端，如伴随着现代化生活大量出现的心脑血管疾病、肝脏病变、糖尿病、各种各样的癌症、愈来愈多的艾滋病等难以医治的疾病，成为了严重威胁人类健康和生命尊严的头号杀手，并且成为了难以破解的“生命之谜”。于是，在这样的“谜团”和现代高科技的双刃剑面前，人类生命与生存的尊严，受到史无前例的严峻挑战！

(2)“认识你自己”。

这是刻在古希腊德尔菲神庙金顶上的一句话。古希腊哲学家苏格拉底也告诉我们：世界上最难认识的就是你自己，哲学的任务就应该是帮助人们“认识自己”。

自苏格拉底开始，哲学便由对自然的探讨转向了人自己，开始了对人自己的关爱。你自身的存在和价值唯有通过具体的“身外之物”才能得以证明。但是，我们常常有个误区，即把证明的手段当作了证明的目的，为了证明而证明，把“身外之物”当作了证明的全部，而全然忘了要证明的恰恰是“你自己”。

这种没有目的的证明，往往容易使我们迷失自己。所以，“你自己”才是你要证明和追求的出发点和目的。你是独一无二的，在你身上，散发着无尽的青春的热力、潜在的能量、无尽的智慧。你要做的，就是健全你自己，显示你自己，发展你自己。

(3)“走自己的路，让别人去说吧”。

这是英国作家但丁的一句名言。随意地活着，你不一定很平凡，但刻意地活着，你一定会很痛苦，其实人活着的目的只有一个，那就是不辜负自己。“走自己的路，让别人去说吧！”不是说要你一意孤行，不听良言善劝而一错再错，而是说要在认真听取别人的意见后，经过一番思考，要有自己的独立见解。也就是说，无论做什么事都要有主见，而不是墨守成规、人云亦云，改变甚至放弃自己的观点和看法。“走自己的路，让别人去说吧！”说起来简单，真的做起来，又谈何容易。当十个人中有九个人说你错了，另一个人不赞成也不反对的时候，也许你会犹豫，虽然说真理不一定总在多数人的那边，但是孤军奋战，做一个自信的人需要有太大的勇气和太大的决心。但是，倘若我们不努力去做到这一点，而太注重自己在别人眼中的形象的话，那将会活得很累。

已逝的中国台湾女作家三毛曾经说过：“生命短促，没有时间可以浪费，一切随心自由才是应该努力去追求的，别人如何议论和看待我，便是那么无足轻重了。”真正能够沉淀下来的，总是有分量的；浮在水面上的，毕竟是轻小的东西。让我们在属于自己的人生道路上昂首挺胸地一步步走过，只要认为自己做得对，做得问心无愧，不必在意别人的看法，不必去理会别人如何议论自己的是非。把信心留给自己，做生活的强者，永远向着自己追求的目标，执着地走自己的路。

3. 中学生个性塑造的重要性

（1）中学生个性塑造是网络时代的要求。

网络的飞速发展，网络时代的到来，既为我们个性塑造提供了必要的客观条件，又给我们个性塑造提出了较高的要求。网络强有力的包容性，既为我们个性塑造提供了广阔舞台，又要求我们有更具特色的个性才能适应这瞬息万变的网络时代。网络时代对人的要求很高，对处于青少年时期的我们要求更高。也就是说，我们只有注重自我个性的塑造，才能紧跟上时代前进的步伐，更好地做到与时俱进。

（2）中学生个性塑造是现代社会的需要。

现代社会的两大特征是，生产力水平的高速发展和人类社会化进程的空前加快。比之古代专制社会的人性泯灭、杀戮个性和近代资本社会的唯利是图、金钱第一，现代社会，一方面给社会个体个性塑造提供了宽松的社会环境；另一方面又需要富有个性特色的人来构成社会的中坚，只有这样，现代社会的发展才可能在无数个性特色叠加的基础上富于特色。在这个背景下，作为现代社会中最活跃群体之一的中学生的个性塑造就肩负着更重要的社会使命。

（3）中学生个性塑造是自我内在的愿望。

中学生作为社会群体中较年轻的部分，正处于自我人生的起步阶段。在这一阶段中，我们的生理、心理日趋成熟；性格、气质、思想逐步形成；世界观、人生观和价值观基本确立。而这一日趋成熟、逐步形成、基本确立的过程，是一个不断发展、变化的动态过程。在这个过程中，我们的自我意识、自我愿望和自我要求越来越强烈，这就要求我们有目标、有计划、有步骤地对自我个性进行塑造。另外，每一个中学生都是活生生的人，都是活生生的生命，他们在不断的自我认识、自我控制、自我发展和自我完善的过程中，将产生强烈的个性塑造的愿望。我们希望自己能与众不同，希望通过自己的努力能拥有属于自己的而且只属于自己的自我世界。

总之，个性塑造既是我们人生理想的目标，又是我们人生奋斗的过程；既是我们全面发展的最高境界，又是我们学习生活的主要内容；既是我们自我价值的实现途径，又是贯穿我们一生的人生命题。当网络不断向我们学习生活渗透而产生影响，逐渐成为我们学习生活最主要的工具时，我们很多学习、生活的内容和形式，包括对自我个性的塑造都可以凭借网络并在电脑里完成。这样，网络就给我们个性塑造提供了一个无比广阔的舞台。

小结

1. 人的个性是可以通过后天塑造的。

2. “司芬克斯”之谜，其实就是人的生命之谜、人的生死之谜。

3. 自苏格拉底开始，哲学便由对自然的探讨转向了人自己，开始了对人自己的关爱。

4. 当网络不断向我们学习生活渗透而产生影响，逐渐成为我们最主要学习生活的工具时，我们很多的学习、生活，包括对自我个性的塑造都可以凭借网络在电脑里完成。

相关链接

网络造就“少年英雄”

如果提及微软几乎无人不晓，但要说起微软公司请的顾问是个十几岁的孩子，却鲜为人知。表面看来这似乎难以令人相信，但别忘了，我们正置身于一个“英雄出少年”的时代。

今天，在美国，在西欧，电脑、网络在孩子们的眼里就如同他们父母当年手中的布娃娃、电动车、魔方。十五六岁的少年们买来的IT刊物不是自己“享用”，而是送给父母的礼物。“电脑少年”、“网络奇才”令大人们惊异之余自叹不如。

眼前的世界是年轻人的乐园，网络信息世界的魔力使不受传统思维约束的年轻人更易于获取新的知识，更易于创新，而一旦获取并掌握了新的知识，就会站在一个新的起点，也就会拥有一个新的权力制高点，也就会拥有更多更广的发展机遇。

网络是未来世界的生存空间，信息技术是生存于未来世界的基本技能。世界银行首席经济学家斯蒂格利茨说，信息技术可以令各国的差距更加拉大，但同时它也可以成为落后国家追赶发达国家的助推器。为此，世界各国对当前教育的发展及信息技术在教育中的应用都给予了前所未有的关注。美国的学校几乎全部具备上网条件。德国、日本等国家也加快了学校信息技术教育的步伐。世纪之交，机遇与挑战并存，未来属于今天的孩子们，不能让我们的孩子输在起跑线上。从这个角度来讲，加速信息技术人才培养，普及信息技术教育显然已迫在眉睫！教育部对我国中小学信息技术教育作出了明确规划：全国范围内，到2003年在高中阶段普及信息技术教育；2005年，实现初中阶段普及工作；2010年，达到小学阶段的普及目标。时间紧迫，教育部副部长吕福源在会上疾呼，中小学信息技术教育要做沸水中跳出的青蛙！

那么如何加速信息技术人才的培养，如何普及中小学信息技术教育，则需要全社会的关注和思考。要真正在中小学普及信息技术，知识覆盖面广、讲授方法得当、内容深浅适中的教材是成功的必要因素之一。这种教材就写作特点而言，最好是采用任务驱动的方式，从某一任务开始，提出问题、分析问题，找到解决问题的方法，直至最终解决问题。任务得到解决之后，又提出了更为深入的思考，以培养学生认识问题、解决问题、求索创新的能力；就内容而言，应该涵盖教育部信息技术课程大纲中所要求的各个方面，也涵盖目前信息技术领域的普及性知识，同时适当介绍某些领域最前沿的知识。

（选自2004年第5期《情系中华》）

思考与讨论

请你和同学一道对“通过网络激发自我的新兴趣爱好”进行讨论交流。

三、网络影响着我们的学习生活

提示

1. 与网络给人类社会生活内容、方式带来强烈冲击一样，作为人类社会生活组成部分的我们的学习生活也受到了网络带来的冲击与挑战。

2. 一般情况下我们上网是出于好奇和利用网络信息的全面和快速整合。

1. 网络对中学生学习生活的影响

与网络给人类社会生活内容、方式带来强烈冲击一样，作为人类社会生活组成部分的我们的学习生活也受到了网络带来的冲击与挑战。

网络的正面影响主要表现为：

（1）网络提供了求知学习的新渠道。

目前在我国教育资源不能完全满足需求的情况下，网络提供了求知学习的广阔途径。通过网络我们可以在任何时间、任何地点接受各种教育，学到在校无法学到的延伸和补充的知识。这对于处在应试教育体制下的我们来说，无疑是一种最好的解脱。不但有利于我们身心的健康发展，而且有利于家庭乃至社会的和谐和稳定。

（2）网络开拓了我们的全球视野，提高了我们的综合素质。

上网使我们的知识范畴、政治视野更加开阔，从而有助于我们全球意识的形成，做到“家事、国事、天下事，事事关心”。上网，可以培养我们和各种各样的人交流的能力，通过网上阅览各类有益书籍可以提高自己的文化素养。网络为我们综合素质的提高提供了便利的条件。

网络的负面影响主要表现为：

（1）对于我们中学生“三观”（世界观、人生观、价值观）的形成构成潜在威胁。

我们很容易在网络上接触到腐朽的宣传论调、文化思想等，使思想处于极度矛盾、混乱中，人生观、价值观极易发生倾斜，从而滋生全盘西化、享乐主义、拜金主义、崇洋媚外等不良思潮。同时，上网也容易使我们形成一种以自我为中心的生存方式，导致集体意识淡薄，个人主义思潮泛滥。

（2）信息垃圾弱化了青少年的思想道德意识。

有关专家调查，网上信息47%与色情有关，六成左右的中学生在网上无意中能接触到黄色信息。还有一些非法组织或个人也在网上发布扰乱政治经济的黑色信息，蛊惑我们。这种信息垃圾将弱化我们的思想道德意识，污染我们的心灵，误导我们的行为。

（3）网络的隐蔽性，导致中学生不道德行为和违法犯罪行为增多。

一方面，网络的隐蔽性容易导致我们少数中学生浏览黄色和非法网站，利用虚假身份进行恶意交友、聊天。另一方面，网络的隐蔽性导致网络犯罪量增多，例如传播病毒，黑客入侵，通过银行和信用卡盗窃、诈骗等。其实，我们中学生群体中的这一小部分，大多数动机单纯，有的甚至是为了“好玩”、“过瘾”和显示“才华”。另外，有关网络法律制度的不健全也是一个导致我们少数中学生利用网络违法犯罪的重要原因。

（4）许多网络游戏都含有暴力的内容。

我们很多中学生上网就是为了玩游戏，而现在的很多网络游戏都含有暴力的内容，经常接触这些游戏，就有可能使我们不自觉地产生恐怖、暴力、以强凌弱等不良思想，给我们自身及他人的心理造成极大危害。

2. 中学生“上网”现象调查

笔者于2008年下半年，在湘潭市某所普通中学，就当前中学生上网现象的诸多方面进行了调查，得出了下列调查结果：

（1）大部分中学生（包括上过网的和未上过网的）喜欢上网。

（2）中学生上网的目的：查阅自己爱好的信息或玩游戏者较多；其次是聊天、娱乐、收发邮件、下载音像资料或图片；再次是查阅资料、做网页、查阅有关知识信息、浏览新闻等。大部分男生上网是为了玩游戏；多半女生上网是为了聊天。

（3）中学生上网比较关注的热门网站：搜狐、新浪等。

（4）中学生上网的时间：大部分中学生上网是在节假日，还有一部分是在放学后和同学一起上网，也有极少数中学生经常逃学上网，甚至通宵上网。

（5）中学生上网的途径：大部分中学生在家里上网，其次是去网吧或在同学、朋友家上网。

（6）非中学生（如家长、老师和一些关注中学生上网的成年人）是否支持中学生上网：支持者居多，反对者较少，大部分支持者的前提是“要正确对待，有限制地上网”；但较多中学生的家长反对或控制孩子上网。其反对原因大多是“上网耽误学习”及“上网容易受不良信息影响”。

从这个调查中不难看出：

（1）中学生上网主要还是出于好奇心和爱玩。

（2）由于上网而出现的问题主要有两个方面：一是影响了学习；二是受到网上不良信息的影响。

但是调查表明，受到网络消极影响的中学生并不太多。我们中学生上网一般是出于好奇和利用网络信息量大且速度快来查阅自己需要的信息。大部分中学生还是能健康上网。少数由于网络而出现问题的中学生，问题一般是出在了“玩”上。网络吸引他们的不是知识，而是其他他们所看到的事物。我们中学生普遍好奇心强、爱玩，自控能力又不太强，这使得一部分过于沉迷于网络的中学生在生活、学习，乃至思想上出了问题。而且，问题的出现不仅仅是他们自身的原因，还与当今社会中有益于我们中学生的文娱场所和活动极度缺乏、针对我们青少年学生的网站实在太少以及老师和家长缺少对未成年孩子上网应有的正确引导有关。

小结

1. 网络对我们学习生活的影响有正面影响和负面影响两个方面。

2. 大部分支持者支持中学生上网的前提是“要正确对待，有限制地上网”。

相关链接

互联网对中学生学习与思维方式的积极影响

互联网引起中学生学习与思维方式变革的主要原因是，它使学习环境，尤其是与传统的学习环境相比，发生了巨大的变化。互联网所营造的学习环境最重要的特点是学习资源丰富，学生之间、教师与学生之间以及学习者和学习资料之间的交互性大大增强。这样的学习环境不仅有利于学习路径与学习方式的多样化，也促使学生的思维方式发生积极的改变。

学习方式是学习者根据社会要求和社会条件，以及学习任务和自身特点，在学习过程中所选择的学习模式和学习渠道。学习方式的选择既受到客观条件的限制，也受到主观因素的制约。互联网对中学生学习方式的积极影响，主要表现在其为开展自主参与、自主体验和自主发展的学习方式提供了有利条件。

1. 互联网促进了学生的自主学习。互联网的开放性和资源共享等特点有助于中学生的自主学习，学生在学习过程中可以自行利用网络收集学习资料，主动地运用和调控自己的认知策略、动机和行为进行学习，可以自行决定学习进度，选择学习方法。

2. 互联网促进了学生的合作学习。网络学习充分体现了交互式合作学习的优越之处。学生不仅可以从网上下载学习资料，还可以与网上的其他同学、老师或专家讨论、评价和分享在课堂上所学的知识和感兴趣的问题。

3. 互联网促进了学生的探究性学习。探究性学习方式需要大量学习资源的支持，海量的网上资源成为探究性学习的辅助资源，各种工具软件是进行学习的辅助工具，学习环境的交互性为学生的沟通与协作提供了便利条件。

4. 互联网有利于学生的个性化学习。互联网为学生提供了多样化的学习路径和学习方式，学生可以根据自己的需要和学习风格，制定个人的学习目标，然后根据自己确定的目标，选择自己喜爱的学习方式，从而使学习具有浓厚的个性化色彩。

思维方式是思考问题的模式，即按一定的方法和程序把思维的诸多要素结合起来以解决问题的相对稳定的思维运行模式。中学生的思维方式正在形成之中，互联网也使他们的思维方式发生了巨大变化，如开放性、多元性、虚拟性、个性化与交互式等。

思考与讨论

请谈谈你对“限制网络给中学生消极影响的最佳途径”的认识。

四、你沉迷网络吗

提示

1. 中学生在上网时会呈现出一些不利于其自身健康成长的症状。

2. 很多中学生在网络中走向自我沉湎、自我放纵、自我迷失的歧途，这并不是网络惹的祸，而是我们自我意识淡薄和自我控制能力不强造成的后果。

1. 中学生上网各种症状的表现

（1）认知上的“快餐－硬结”症。

对于众多步履匆忙的我们中学生而言，网络好比知识快餐一样，大大激发了我们急于求知的强烈欲望。在鼠标轻点之间就能立刻在浩如烟海的信息海洋中找到自己所需的信息和知识，从而大大提高了单位时间里的学习、生活效率。但对网上各种时髦展品，我们在好奇心、求知欲驱使下流连忘返，从不审视、怀疑它的构造成分和运转功效，整个大脑于囫囵吞枣之际成了一个受动而麻木的机器，致使许多硬结不但吞噬着我们本应充满活力和主见的青春大脑，而且阻塞着我们对真知的内化。

（2）情感上的“狂泻－冷漠”症。

对于尚未完全摆脱“父权主义”、“顺应主义”教育的我们来说，在现实中的情感表露总要受到他人及社会的左右，但我们身上被压抑的诸多情感却可以在网络世界中肆意暴发。上网交友，网上聊天、在 BBS 中高谈阔论成了我们忘记权威压制、排遣孤独，宣泄不满的畅通渠道。只是人们观察到，尽管网络在一定程度上有助于我们缓解压力、平衡心理，但过多虚拟的网上情感交流却让我们在放飞情感的同时，总试图将自己真实的情感深埋心底，不愿向真实世界袒露，并懒于与活生生的人进行情感交流，在现实生活中，表现为沉默寡言、不善言谈、不为世间情感所动，显出一副冷漠姿态。网络成了一部分人面对现实情感世界的心灵之锁。

（3）意志上的“自主－膨胀”症。

在网络这一缺乏有效管理的区域内，中学生能够以自己为中心，以自己需要为尺度，完全按自己的个人意志自主地利用网上资源，自主地在游戏中扮演各类角色，自主地设计令人惊叹的“小制作”、“小发明”，等等。这种无拘无束、随心所欲的意志自主表现虽然在相当程度上利于我们个性的张扬，但人们也为一部分人在极度的意志自主中其“唯我独尊、唯我是大”的意志膨胀表现所震惊。我们中一部分人仅仅是为了显示自己的个性，总想通过自己的意志自主表现而一鸣惊人，于是利用网络随意制造思想和议论的巨大泡沫，甚至为了达到让世人把他当主角的目的而不惜做出损害别人数据、破坏他人网站、侵入别人系统等过激行为，以致酿发可怕的阻塞网络交通的网络地震。

2. 中学生沉迷网络的现象

（1）回避现实，消极悲观。

主要表现为夸大现实生活与网络世界的不同和差距，并表示出对现实社会生活的强烈不满。

（2）拒绝交往，性格孤僻。

主要表现为只相信在网络中才能找到“知己”，在现实生活中却不善言谈、封闭自我、逃避交往。

（3）意志薄弱，斗志缺乏。

主要表现为没有坚强的意志，全面丧失人的主观能动性，在现实挫折、困难面前一味退缩，并任由电脑“摆布”。

（4）沉湎幻想，荒废学业。

主要表现为宁愿花费很多时间（甚至通宵达旦）和大量精力（甚至极度沉迷）投入到电脑虚幻之中，也不愿意进行正常的社会学习生活。

（5）好逸恶劳，惰性泛滥。

主要表现为对现实学习生活艰辛的“深恶痛绝”，但又不愿去面对，甚至逃避现实生活的责任和义务。

3. 中学生沉迷网络的原因

我们中学生作为一个特殊的社会群体，具有思维敏锐、好奇心强、爱好广泛、容易接受新生事物但意志力、自制力比较薄弱等特点。网络作为当代社会的主流，同样影响着我们的生活。它给我们开启了一个光怪陆离、色彩斑斓、诱惑力极强的世界，也给我们提供了一种方便快捷的社会生活工具。在网络社会里，我们的社会生活呈现出前辈们很难想象到的风景。一方面，我们能够很好地利用网络，能够很好地通过网络学习和生活，在网络中充分发挥自己的聪明才智，而网络也给了我们一种“随心所欲”的生活。另一方面，因为我们缺乏对网络的正确认识和合理利用，造成了对网络的过度依赖，使自己沉溺、痴迷于极度虚幻的网络世界中而不能自拔。一般说来，这种沉迷网络的表现是由客观社会原因和主观心理原因两方面造成的。

(1) 客观社会原因。

①网络的发展尤其是家用电脑的普及为我们中的部分人沉迷网络提供了物质基础。

②网络对人类社会发展尤其是人们社会生活的积极影响为我们中的部分人沉迷网络提供了精神支撑。

③利益驱动下营业性网吧的肆意扩张和蔓延为我们中的部分人沉迷网络提供了环境和场所。

④学校、家庭、社会对中学生上网引导不力为我们中的部分人沉迷网络提供了条件和可能。

(2) 主观心理原因。

①盲从心理。

网络的普及和电脑被大多数人在生活、工作和学习中应用，网络带来的积极因素在人们日常生活中，尤其是我们中学生生活中的影响，使得很多中学生产生了“不上网不行，非上网不可”、“一定要有电脑，没电脑不行”的心理。其中很多人最开始仅仅只是为了好奇和追赶时髦，并搞不清楚网络会给自己带来什么样的利弊，后来才无法抵挡住电脑的诱惑，产生了对网络的沉溺。不可否定网络给我们带来的诸多裨益，但是单纯从部分学生因为追逐世俗，才接近、使用并痴迷上电脑，沉迷于“上网”的角度来看，这种随波逐流和人云亦云，是不可取的做法。在这种盲从中，我们将逐渐失去自己的立场和观点，进而迷失自己。

②自卑心理。

这种自卑主要是对于自己人际关系和协调人际关系能力的自卑，是坚持认为自己作为个体的人在现实社会中得不到社会和他人认同的自卑。人在社会中生活，必然希望自己能得到社会和他人的认同，否则就会失意。而这种自卑心理是一种个人主观上的判断，是个人的自信心和自信力的迷失。我们中学生的社会经验和阅历都很不丰富，在很多人看来我们还是“小孩子”。往往这时候，我们的自卑心理就在作祟。我们常常认为自己之所以被看作是小孩子，是因为自己还得不到现实社会的认同。在这种情况下，我们往往就把自己转入网络之中，希望通过自己的努力在网络世界里寻回自己的“尊严”，从而开始沉迷网络。

③孤独心理。

孤独是存在于我们中学生中较为普遍的一种心理状态。孤独心理是一种主观的感受，是一种封闭、内向的性格障碍。处于青少年时期的我们，由于自我意识的发展，对自我有了更深刻的了解，并产生了强烈的、希望被他人接纳的心理需求。但是，当这种需求由于各种原因无法得到满足、精神生活感到无处寄托时，空虚和孤独就会随之而来。而网络的出现恰恰给了处于空虚和孤独状态中的我们一方寄托的空间，我们也渐渐地将自己的精神寄托于网络，希望在网络世界中能寻找到自己的精神家园，能够得到自我认可和自我满足。因此，在这种孤独心理的驱使下，我们把网络当成了自己最知心的“朋友”，把网络当成了自己生活的全部，从此开始沉迷网络。

④苦闷心理。

由于主观愿望与客观现实相去甚远，对学习、生活、交友、家庭等方面产生的诸多问题无法解决，使我们中的不少人都陷入一种苦闷心理之中。诸如学习严重困难、交友遭受挫折、竞争失败及家庭变故等原因是引起我们苦闷心理的各种因素。我们中很多人都有着“少年维特”似的“烦恼”，有着经历失败、挫折、失意后的心理抑郁。苦闷心理无疑是一种非健康的心理状态，需要得到我们的关注和及时排解。恰恰又是在这时候，网络及时出现并进入我们的生活，给苦闷心理的自我排解和发泄提供了一个很大的空间。不少人在一次次排解和发泄后找到了心理的平衡，便把这种功劳记在网络的头上，并越来越沉迷于网络。

在现实的网络环境下，在我们的仿效和跟从意识、自我认同意识、自我寄托意识和自我排解意识先后得到不同程度的满足时，由于自身自制力、判断力和忍耐力的薄弱和缺乏，很多中学生走向了自我沉湎、自我放纵、自我迷失的歧途。但是，这一切并不是网络惹的祸，而是我们青少年学生自身意识的淡薄和能力的缺陷造成的后果。

4. 解决中学生沉迷网络的正确途径——提高自制力

（1）什么是自制力。

所谓自制力，是一个人控制自己思想感情和举止行为的能力。人区别于动物的根本点之一，就在于人是有思想的，因而可以按照一定的目的，自觉地、理智地控制自己的感情和行动——既善于激励自己勇敢地去执行自己的决定，又善于抑制那些不符合既定目的的愿望、动机、行为和情绪。它是坚强的重要标志。

自制力主要表现在两个方面：一方面使自己在实际工作、学习中能努力克服不利于自己的恐惧、犹豫、懒惰等；一方面应善于在实际行动中抑制冲动行为。自制力对人走向成功起着十分重要的作用，是解决我们中学生沉迷网络的正确途径。自古代百科全书式科学家亚里士多德到近代的哲学家们都注意到“美好的人生建立在自我控制的基础上”。

（2）自制的反面是放任。

一个淘气的孩子，在父母长辈的宠爱下，有时会说一些没大没小的话，做一些颠三倒四的事。家有客人，他更是调皮捣蛋，无一刻安宁，这就是所谓的“人来疯”。当然，儿童的自制力本来就较弱，发一点“人来疯”是情有可原的。但是，为什么有的青年，到了已经懂事的年龄，还不能约束自己的言行举止呢？重要原因之一，就在于放任自己。比如抽烟，开始不过是抽着玩玩的，但有的人却从来不去认真想一想为什么要抽烟，而只是盲目地听凭自己抽下去，于是一根两根，一包两包，直至成为嗜好，积习难改。这都是从放任自己开始的。如果说，盲目纵欲是自制力的腐蚀剂，那么，反过来自制力就是征服放任的有效武器。

（3）常见提高自制力六法。

自制力对于增进生理和心理健康，尤其是解决我们对于网络的沉迷有重大的作用。不能进行情绪控制和行为控制的人，是不会有健康的身体和健康的心理的人。不能有效提高自制力的中学生，只会在对电脑的沉迷中越走越远。

提高自制力，常见的六种方法是：

①转移注意法。就是在受到不好的刺激时，可以先想点或干点别的。如俄国著名作家屠格涅夫劝人在吵架将要发生时，必须把舌头在嘴里转上10个圈。

②心理暗示法。如林则徐用“制怒”条幅自控，苏轼以“忍小忿而就大谋”的词句自勉，以使自己在遇到不良刺激时，保持良好的心境。

③回避刺激法。当遇到可能使自己失去自制力的刺激时，应竭力回避。如隔壁有人骂我，我不侧耳去听，而是外出散

步，这样就避免发怒造成冲突。

④合理发泄法。如在情绪波动时，利用听音乐和绘画来宣泄情绪。

⑤积极补偿法。即利用愤怒激情产生的强大动力，找一件你喜欢的工作埋头猛干，或拼命读书，或伏案疾书，使消极情绪得到积极的运用。

⑥反其道而行法。就是要首先干那些不愿干的事，也就是故意与自己过不去。

总之，自制力是一种意志力，是自尊、自爱、自重的表现，它的不断提高能让我们选择行为的最佳方案，顺利通过人生中一个个岔路口，并始终沿着正确的方向前进。

5. 解决中学生沉迷网络的科学方法

（1）端正态度，重新认识网络。

我们应该认识“电脑仅仅只是学习生活的工具，只有自己才是学习生活的主人”这一事实，在上网时努力发挥自己的主观能动性。

（2）抚慰心理，缓解心灵孤独。

我们可以通过与亲人、朋友谈心交流和通过看电视、读书等形式来抚慰孤独心理，从而摆脱孤独困扰，缓解心灵的压力，而不是一味把全部情感投入到网络虚幻之中。

（3）拒绝诱惑，增强坚韧意志。

我们必须正视网络带来的各个方面的诱惑，依靠坚强的意志，尤其是强大的自制力来拒绝各种诱惑对我们身心的侵蚀和危害。

（4）转移注意，培育生活兴趣。

我们可以有意识地培育对生活的热爱和多种多样的兴趣，努力使自己成为生活的有心人，力求以这种注意转移和兴趣转移的形式，把已经沉迷网络的我们从网络中拉回现实中来。

（5）科学作息，养成良好习惯。

我们可以通过制定科学的作息时间，严格进行学习生活作息，养成良好的学习生活习惯和上网习惯，合理安排时间，并适时、适度地有节制地上网。

在这些解决我们中学生沉迷网络的方法中，抚慰心理、缓解孤独和拒绝诱惑、增强意志，是最重要的、最行之有效的两种方法。

小结

1. 造成我们中学生沉迷网络的原因有客观社会原因和主观心理原因。

2. 解决我们中学生沉迷网络的正确途径是提高自制力。

3. 抚慰心理、缓解孤独和拒绝诱惑、增强意志，是解决我们沉迷网络问题的最重要也是最有效的方法。

相关链接

“网络心理障碍”的心理成因

“网络心理障碍”的发生与中学生处于特殊的心理发展阶段是分不开的。中学生个体心理发展中出现了种种矛盾现象，如：独立性与依赖性的矛盾、闭锁性与交友意向的矛盾、求知欲与认识水平的矛盾、性冲动与自控力的矛盾、要求理解与难为他人的矛盾、理想与现实的矛盾，等等。而网络是对现实社会的虚拟与“克隆”，如果中学生的上述心理在现实社会中没有得到正确的引导与释放，再加上个体独特的个性心理特征的影响，就可能使中学生在网络的虚拟社会中找到缓解这些矛盾的途径而不能自拔。具体地说，引起“网络心理障碍”的心理成因主要表现在以下几个方面：

1. 闭锁性与交友意向矛盾影响下的交往心理的作用

中学生是个体交往需要最强烈的时期，交往也是中学生社会化和心理健康发展的必要条件，由于心理不成熟、交往经验和交往技巧缺乏等原因，中学生在交往过程中往往会出现一系列的心理问题。主要表现为自闭与防御心理、自卑心理、交往恐惧、自我中心等，从而导致在现实中交往的失败、交往需要得不到满足。而网络上的交往具备了人际交往的所有条件与特征，又由于主要是通过电子邮件、网上聊天和网上传呼等手段进行联系与交流，就使交往双方避免了在现实交流中必须面对面的压力，而且可以向对方隐瞒真实的身份、年龄甚至性别，以一个“虚拟”的“我”来与对方进行交往。这样就使这部分中学生觉得这种交往方式更随意、没有压力，不但避免了现实中交往的紧张、不适心理，又满足了交往的需要，于是逐渐地乐此不疲。

2. 性冲动与自控力的矛盾影响下的性好奇心理的作用

中学生正处在性意识从萌发到日渐成熟的阶段，且时常被性意识和性冲动所困扰。一方面，由于心理幼稚，意志力不坚强，自觉抵制不良信息的能力较差；另一方面加上当前获得知识和性教育的渠道不畅通，他们会有一种强烈的性好奇的心理。而在互联网上，充斥着各种与黄色、暴力相关的内容。据有关调查，互联网上与娱乐有关的内容中，有47%与色情内容有关，并且与其他媒体的有关内容不同的是，互联网上的这类内容几乎是对任何对象都不加限制的。这就使得部分中学生有意或无意地接触到而不能自拔，成为网络色情心理障碍的患者。显然，这不仅不利于这部分中学生心理的发展，而且还可能成为诱发性犯罪的动机和犯罪行为的间接原因。

3. 求知欲与认识水平的矛盾影响下的“信息占有”心理与探索心理的作用

中学生个体求知欲旺盛，获得和占有需要较强烈。而互联网上的信息丰富、直观，形式丰富多样，易于理解和接受。这一切都会吸引求知欲旺盛的中学生，使他们成为“天然的网民”。但如果分不清这些大量的信息的实质，不加选择地加以接受和占有，就容易走入误区。在这种心态作用下的“网络心理障碍”主要有两种类型：一种是每天从网上收集大量并不重要的，或下载和学习使用尽可能多的、而实际上并不急需的软件，尝试从网上购买商品和服务，参加与互联网有关的活动等，严重者甚至表现出一种类似于强迫的症状；另一种类型是对网络技术与安全具有强烈的探究欲，并以破坏网站，非法进入机密网站的行为来显示能力，从而获得成就感，成为网络“黑客”。这种类型的“网络心理障碍”也会导致网络犯罪的发生。

4. 理想与现实的矛盾影响下的幻想、玩乐心理的作用

处于青春期的中学生好幻想，但容易脱离现实，看不到现实与幻想之间的距离，从而沉湎于幻想不能自拔。电脑游戏为他们的这种心理提供了一个很好的表现渠道。部分中学生之所以沉湎于电脑游戏，是因为在玩游戏的过程中，个体始终存在一种“自居作用”，也可以说是“自我实现”的心理在作祟，即把自己想象成为游戏中具有超强本领的英雄人物，最终能通过努力完成伟大的使命，以此获得成就感。再加上电脑游戏中多媒体和三维技术的运用，更符合中学生的接受心理，使他们乐此不疲，达到痴迷的程度。

5. 社会误导和家庭教育缺乏下的强烈的逆反心理、探索心理的作用

虽然网络是一个资源非常丰富、非常全面的场所，但是其所进行的宣传和社会效应对中学生的影响却往往是负面的，从而给不知就里的社会和家长以巨大的影响，他们从内心认为网络是一个有害无益的事物，从而坚决反对子女利用网络，更谈不上正确的引导和教育。而中学生强烈的逆反心理和他们对新事物强烈的探索欲让他们更对网络产生了非常强大的趋向性，更加上社会对网络的负面宣传让中学生以为网络的全部内容就

是聊天、游戏，从而忘记了网络中还有很多对学习、生活有益无害的资源，更无从谈起对这些资源的利用。

（摘自2007年7月9日中小学教育网）

思考与讨论

为什么说沉迷网络是对网络错误的认识和利用？

五、友谊能让我们远离孤独

提示

1. 网络社会中我们中学生排解孤独心理的方式：学会感恩、感受幸福和懂得交往、寻觅友谊。

2. 友谊是排解我们心灵孤独的良方。

1. 爱和友谊并非从天而降的礼物

许多人之所以会寂寞孤独，是因为不了解爱和友谊并非是从天而降的礼物。一个人要想受到他人的欢迎并被人接纳，一定要付出许多的努力和代价。如果想要让别人喜欢你，就需要尽心尽力。爱情、友谊和快乐的时光，都不是一张契约所能规定的。生活在社会中的人们都必须明白：幸福并不是靠别人来布施，而是要自己去赢取。

在网络社会中，我们的孤独心理同样是需要通过自己的努力才能够排解的。而我们排解孤独心理的方式一般有两种：（1）学会感恩，感受幸福；（2）懂得交往，寻觅友谊。

2. 学会感恩，才会更幸福

当今的中学生大都属于90后的一代，享受着和平年代带给我们的安宁环境；享受着改革开放带给我们的富足生活，是很幸福的一代。幸福中的我们，应该学会感恩，这样我们才能更感幸福。

（1）我们大都是独生子女。

“爸爸妈妈只有我一个”，让我们从小就备受父母的呵护。可以说我们都是在“蜜罐”里成长的一代。物质上的优越使我们能够更好地成长，但同时我们因为没有了兄弟姐妹，自小就缺少了一种群体感和竞争环境，有时候会觉得自己很孤单。物质上的优越并不能解决精神上的“孤单”。也正因为“爸爸妈妈只有我一个”，自小我们就肩负着父母殷切的希望。很多父母更是把自己未能完成的梦想寄托在幼小的下一代身上，让我们感到压力重重，有时候都喘不过气来。但是，我们又是很幸福的，尤其相比于我们的前辈而言。我们已经远离了战火；远离了剥削和压迫；远离了社会的混沌和国家的落后；远离了物质生活和精神生活的贫乏与单调。

（2）在网络社会里，“非主流”成为了我们当代中学生的特征。

非主流就是张扬个性、另类、非大众化，不盲从当今大众的潮流，讲究符合自己心性的服装 、衣着、言行。从心理上来说，主流总想要确认什么，树立什么，划定什么，保持什么……然而世界的本相并非因人而在，不断的发现、发现再发现，创造、创造再创造，对世界的认知也就越深刻，当然也更繁复而深奥。这一特征在我们身上具体表现为：对外部世界、新鲜事物充满着好奇，并且很快地接纳；创造力很丰富，而且很个性化；思想上存在着叛逆，对传统的东西，尤其是传统的美德认识较浅、理解较少；喜欢独立思考，但是由于年龄较小、社会阅历较少，经常陷于困顿和迷茫，因而经常要陷入外表充满活力和内心忧郁重重的矛盾之中；不盲从、勇创新的同时经常表现为信仰迷失，在学习生活中缺少精神支柱；与父母、老师、同学的沟通经常出现障碍，生活中存在着浓郁的孤独感。

（3）中华民族是有着感恩传统的民族。

《史记》中有个这样的故事：韩信小时家中贫寒，父母双亡。他虽然用功读书、拼命习武，然而，挣钱的本事却一个也不会。迫不得已，他只好到别人家吃“白食”。为此常遭别人冷眼。韩信咽不下这口气，就来到淮水边垂钓，用鱼换饭吃，经常饥一顿饱一顿。淮水边上有个老奶奶为人家漂洗纱絮，人称“漂母”。她见韩信挨饿挺可怜，就把自己带的饭分一半给他吃。天天如此，从未间断，韩信发誓要报答漂母之恩。韩信被封为“淮阴侯”后对“漂母”分食之恩始终没忘，派人四处寻找，最后以千金相赠。这就是“一饭千金”成语的来历。

“滴水之恩，涌泉相报。”在感恩的历史长河中，流淌着许多古今中外名人感恩的小故事。古有小黄香在寒冷的冬天，先用自己的体温暖了席子，才让父亲睡到温暖的床上。今有伟人毛主席，邀请他的老师参加开国大典；朱总司令蹲下身，亲自为妈妈洗脚。伟人之所以伟大，名人之所以成为名人，与他们拥有美好的心理品质——感恩是分不开的。

黄舸，一个生命就要走到尽头而只有18岁的少年，为了对帮助过他的人说声“谢谢”，跟父亲一同踏上“感恩之旅”。疾病早已剥夺了他站或坐的能力。每天，父亲必须小心翼翼地把他用绳子“固定”在三轮摩托车上。父子俩三年走过了87个城市13000多公里，向四十多位帮助过他们的恩人当面道谢。他说：“感恩让我永不放弃！”

（4）感恩就是传递幸福。

我们应该把感恩的传统发扬光大，尤其是在当今的网络社会中，更应该对亲友、对老师充满发自内心的感恩；对社会心存感恩的种子。因为，感恩的心来自于心灵的回馈，而不是社会的促成；感恩的心惧怕的是功利冲突，而温暖的是人们日益孤独的心灵。感恩是中华民族的优良传统，在当今网络社会中，感恩就是要传递幸福。时代、社会、父母、家人、老师、同学、朋友都帮助过你，都有恩于你，都让你感到很幸福，那么，你就要把这种幸福传递出去，让更多的人也感受到幸福。在当今网络社会中，感恩的心，能拯救我们那些沉迷于网络中的孤独心灵。

3. 我们应学会在交往中培育真挚的友谊

（1）网络环境下，我们中学生开展良好人际交往的意义。

就我们中学生而言，积极开展人际交往，对我们健康成长有着极为重要的意义。

——良好的人际交往是我们顺利进行社会化的必要基础。无论是科学文化知识和生产技能的获得，还是社会规范的自觉遵守和良好行为习惯的养成，都离不开与他人的交往。

——良好的人际交往是我们实现自我认识的基本途径。以他人为镜，在自己与别人的交往中，更客观地确定自我形象，既可避免“夜郎自大”的优越感，又能摆脱“妄自菲薄”的自卑感。

——良好的人际交往是我们个性发展的前提条件。良好的社交可以促进我们理解生活、丰富知识、学会处事、锻炼能力，有助于我们个性的发展和优化。

——良好的人际交往是我们从网络中解脱出来的根本保证。良好的社交可以使我们无需通过网络就能在自己现实生活中获得自我认同和自我展示，可以从根本上触及我们沉迷网络的现状，并给“网瘾”的根治提供解决的可能。

——良好的人际交往是增进我们身心健康的有效方式。良好的人际关系是心理健康的表现。通过交往，我们可以彼此倾诉喜怒哀乐，表达自己的思想感情和生活态度，可以寻求友谊、理解和帮助，还能够激发各种兴趣和爱好，丰富精神生活，对身心的健康十分有益。

（2）以健康的心理状态进行交往，是我们成功人际交往的基础。

在人际交往中，一些不良的心理因素常会导致我们许多中学生在现实的学习生活中因不善交往或交往不善，进而将自己大量的时间和精力倾注在虚幻的网络世界之中，使我们迈出了沉迷网络的第一步，严重影响了我们正常的学习和生活。因此，要实现成功的交往，首先就要排除在交往过程中的众多心理障碍。健康的心理状态是人际交往得以成功的重要保证。我们中学生在交往中常见的心理障碍有羞怯心理、自卑心理、猜疑心理、嫉妒和报复心理以及偏见和消极思维心理等。我们要有正常和成功的交往，就必须首先努力克服这些不良的交往心理障碍。

(3) 通过人际交往所培育出的真挚友谊是我们排解孤独的良方。

孤独是一种人生常见的心理状态。人人都可能会感到孤独；人的孤独感不可能彻底根除，甚至可能会终其一生，但是，人的孤独是可以宣泄、转移和排解的。无数实践证明，对于我们中学生这个特殊的社会群体来说，在人际交往中所培育出来的真挚友谊可以作为我们排解孤独最有效的良方。寻觅友谊、渴望朋友是我们当代中学生强烈的心理需求，也是我们人际关系中一个十分普遍而突出的特点。充分认识友谊的内涵和价值，努力寻求同学之间的真挚友谊，有助于我们的健康成长。

中学生阶段是人生向往友谊、热切希望交往和寻觅友情的时期。因为，我们在这一阶段成人感增强，开始有意识或无意识地想减少、摆脱对父母和师长的依赖，把感情依赖的方向转向同龄人。而同龄人由于经历相似、社会角色相当，在心理上的距离较近，容易产生共同的语言，使青年人获得一定的自尊满足感。所以，我们中学生强烈地感受到需要友谊。“在智慧提供给整个人生的一切幸福中，以获得友谊为最重要”。可见，友谊对于成长过程中的我们来说具有特殊的价值。

首先，友谊能增强我们的独立性和社会责任感。中学生相对于小学生而言，学习环境变了、学习课程增多了、学业任务加重了，有时候我们会感到手足无措，很茫然。作为一种情感交往的友谊，能使我们找到新的感情寄托，稳定情绪，尽快地适应这种新的学习和生活环境，并且更有利于我们独立地体验人生，丰富自己的情感，懂得关心、理解和尊重他人。另一方面，友谊作为一种崇高的道德力量，使我们中学生的道德感向社会范围扩展，把自己与他人的生活、与社会的发展、与人类的命运联系起来，并通过社会各种实践渠道，掌握人际交往规范，增强社会责任感。

其次，友谊能促进我们的人格完善。友谊作为鼓舞人进取、促进人发展的巨大动力，它的建立使人在彼此信任和帮助的过程中得到生活的参照和前进的标尺，促使我们在学业上相互切磋、思想上相互启迪、品德上相互激励，使我们的人格趋于成熟和完善。

再次，友谊是排解我们心灵孤独的良方。友谊能增进师生之间的了解，加深同学之间的友情，抚慰我们内心的空虚和孤独，产生情感的共鸣。友谊，能让我们得到心灵的真正慰藉。

最后，友谊是人生一笔宝贵的精神财富。友谊作为人类美德化情感的无偿赐予，它无需任何契约或合同，也不以身份、地位为附加条件。中学阶段的友谊，不但能够帮助我们充实地过好中学阶段的生活，就是将来走入社会，它仍是一股伴随终身、催人奋进的精神力量。

小结

1. 幸福并不是靠别人来布施，而是要自己去赢取。

2. 在网络社会里，“非主流”成为了我们当代中学生的特征。

3. 中学阶段的友谊，不但能够帮助我们充实地过好中学阶段的生活，就是将来走入社会，它仍是一股伴随终身、催人奋进的精神力量。

相关链接

中学生普遍情感贫乏

近来，频频见诸报端的相关报道，明显地透露出这样一个信息：目前，中学生较为普遍地存在着一种心理冷漠化的现象。最近，笔者应邀参与了某中学组织的学生情感状况调查，调查结果表明：当今青少年情感的冷漠化倾向应该引起社会关注，青少年情感教育的缺失值得忧虑。

本次调查发现：约有63%的学生不知道父母的生日，近43%的学生不知道父母的年龄，还有4名学生不能准确写出父母的姓名，76%的学生从未给父母祝贺过生日。而与此形成鲜明对比的是：父母年年都给自己过生日的却高达93%。另有72%左右的学生不了解父母的情趣爱好、生活习惯等，能在家里经常从事家务劳动的中学生也不到58%，住校生中约有17%的同学经常将换洗衣物拎回家由父母代劳，住校生中有近38%的同学不会独自完成诸如洗衣、做饭等日常劳动。

偶像崇拜项答卷显示：崇拜偶像中，父母“不幸”榜上无名，然而当红的歌星、明星有五位；另有28%的学生选择了“自我崇拜”。反差强烈的是：相当多的中学生可以淡忘父母的年龄、生日，但对自己钟爱的明星、偶像的情况甚至包括其星座、嗜好、血型等，却耳熟能详、津津乐道，其关心程度真可谓事无巨细、无微不至。

这种令人忧虑的现象，在很大程度上暴露了当今家庭教育普遍存在的误区：这些不明智的溺爱、无原则的迁就造成了他们不良的心态；教育的急功近利又使得注意力只集中在知识或技术等某一个狭窄的领域，而忽略了丰富的情感世界的建构和培养。另外，流行文化时尚的影响也不容忽视。据一项调查表明：当今青少年尚“酷”、扮“酷”，但有近58%的青少年将冷漠、叛逆理解为“酷”的生存状态之一；同时，中学阶段多发的青春期自闭症、青春期孤独症等心理疾病，也可能导致他们不良的心态行为。

不均衡的教育已经不能满足当今社会和未来社会发展的需要。时代对人的全面健康发展提出了新的要求，呼唤全社会加强人文素质教育。一个人情感世界的贫乏以至畸变，往往比知识的贫乏和缺失具有更大的危害。

（摘自2004年8月11日《中国妇女报》，作者：陈文杰、边际）

思考与讨论

在班上你最好的朋友是谁？你们之间是通过什么方式来增进友谊的？

六、对网络诱惑说“不”

提示

1. 人们之所以轻视意志薄弱的人，是因为意志薄弱的人，实在是自欺欺人。

2. 人获得成功的秘诀是：做意志真正坚强的人。

3. 网络对于我们中学生的诱惑主要包括网络快乐刺激的诱惑、网络华丽外衣的诱惑和网络流行事物的诱惑。

1. 意志坚强才能获得生活成功

所谓意志究竟是什么呢?

心理学家发现：它既不是肌肉的一种，也不是心灵上可以分开的一种能力，而只是人们用来达到生活目的的工具之一。

每一个人达到自己的任何生活目的都需要意志力。许多人都知道忍受困苦的方法，能够应付困难，能够不为眼前一时的快乐所诱惑。这样的人，就被称为意志坚强的人，他们相对于意志薄弱的人而言，更有能力。而意志薄弱的人，他们明明知道大量饮酒对身体健康是有害的，可是他们却不能抵抗含有酒精的饮料；他们不能专心地从事正常工作，应当努力工作的时候，他们却在梦想其他渺茫的事；他们不能努力地进行学习，应当花时间和倾注精力投入学习的时候，他们却沉迷于网络那个虚拟世界，漫无目的、毫无节制地上网。总之，他们无论是在生活上还是在学习工作上，都没有确定的目的。

使人意志坚强的是什么？使人意志薄弱的是什么？意志是先天遗传还是后天得来的？为什么意志薄弱的人，浪费光阴制定优秀的计划，却不去付之行动；而意志坚强的人，不必任何的决心，却能使学习、工作做得更好呢？美国著名心理学家卡耐基认为：人类分为“正”、“反”两大类。“正”的一类，人们就称他们是正常的。“反”的一类，人们就称他们是异常的。正常的人，无论是身体还是精神，都已经成熟；而异常的人，在身体方面尽管已经成熟，但在精神方面却还没有成熟。正常的人，知道自己对社会有应尽的义务和应负的责任；而异常的人，则只想逃避义务、逃避责任。所以正常的人就是具有坚强意志的人；异常的人，永远是意志薄弱的人。

就我们中学生而言，目前尚处于人生起步阶段，无论是身体上还是心理上还远没有成熟。因此我们的意志还比较薄弱，或者说我们的意志离坚强还有相当的距离。

一个人的意志是可以通过训练提高的。其实，所谓意志薄弱，实际上并不是意志薄弱，只不过是他的坚强意志用到了错误的目的上去了，这是可以转变的。要把一个意志薄弱的人改造为意志坚强的人，就是要让他知道自己的缺点并加以改正。如果他能够找出问题的症结并勇敢地改正，就可以成为一个意志坚强的人。对于沉迷网络的中学生来说，只要能够认识到自己过分依赖、沉溺、痴迷网络的错误并努力改正这个错误，就会提高和加强自己的意志。

人们之所以轻视意志薄弱的人，是因为意志薄弱的人，实在是自欺欺人，不但是自欺欺人，而且还是损人利己。因为他们要别人承担一切责任，自己不负任何责任，却要享受别人创造的社会财富。这样的人如果始终不觉悟，他们的一生必将是一无所获的。所以，人获得成功的秘诀是：做意志真正坚强的人。

2. 意志坚强才能拒绝网络诱惑

（1）意志坚强才能拒绝网络快乐刺激的诱惑。

在当今社会中，很多人上网是以宣泄、转移、排解孤独为目的的，他们通常以网站设计、网页浏览，尤其是网络聊天和网络游戏等方式，来寻求一种自我认同和自我寂寞心灵的抚慰。而网络上，尤其是那离奇曲折的网络文学和形形色色的网络游戏，确实能给人们，尤其是心智尚不成熟的我们带来难以抗拒的快乐刺激。

中学生时期，是心智开始逐步发展，寻求自我价值，希望得到外界肯定的一个特殊阶段。如果我们在学习生活中受到挫折，对家庭及社会不满，得不到家庭、学校和社会应有的肯定，就会寻找另一种被认可的方式。上网就成为我们很多中学生发泄内心情绪的主要方式。网络游戏最大的一个特点就是只要努力就能得到肯定，这在一定程度上满足了我们的心理需求。但网络上的满足并不能代表我们在现实中的需求。更主要的是，网络中存在的这种快乐的刺激是短暂的、肤浅的、转瞬即逝的。如果我们意志薄弱，误以为在网络中寻找到的快乐是真正快乐，并抗拒不了这种诱惑而长时间身处自我沉迷、自我陶醉之中，那么，在这快乐过后而来的痛苦，更会使我们深陷于前所未有的迷茫、困惑之中。

（2）意志坚强才能拒绝网络华丽外衣的诱惑。

网络的诱惑还来自于它华丽的外衣。网络世界是虚拟的，它的华丽很大程度上来自于它华丽精致的外表，比如网络游戏里的色彩斑斓，网络文学里的浓墨重彩，这都是网络吸引人的地方。尤其是我们中学生，由于思想的活跃和思维的敏锐，以及对于事物的判断只注重直观和感觉，往往被网络华丽外衣所诱惑，因而加快了迷恋网络的步伐。

然而，纵使网络的华丽很吸引人，但也只不过是因为网络的外衣和其中的很多事物漂亮而已，无论如何也称不上美丽。因为，漂亮不等于美丽，美丽和漂亮是两回事，美丽往往是一种持久的能够摄人心魄的内在的东西，而漂亮仅仅说的是外表和装饰。这样看来，披着华丽外衣的网络是漂亮的，也不能否认偌大的网络世界中确也反映出现实社会中的一些让人感动的美丽存在，但是整个网络离美丽还相距甚远。人们游览山水胜景，可以体验“万类霜天竞自由”的自然美，使人心旷神怡；人们追踪诗人的心迹，可以吟诵“会挽雕弓如满月，西北望，射天狼”，给人以自信和力量；人们可以在动人的旋律中感受人生，展示叩击命运之门的勇气与斗志；人们可以在“落霞与孤鹜齐飞，秋水共长天一色”的诗章中，回味美的意境。这些可触摸得到的、可体验得到的才应该是真正的美丽。

漂亮不等于美丽，把两者混淆、等同的看法，是肤浅的、错误的。而网络世界里，时时处处都充满着吸引人的漂亮、华丽的诱惑，而要拒绝这种诱惑，同样要求我们在正确认识美的本质基础上，通过坚强的意志，抵御一切看似漂亮实则丑恶的网络事物对于我们心灵的侵蚀，以保证整个身心健康地发展。

（3）意志坚强才能拒绝网络流行事物的诱惑。

流行是时代的标志与特征，它具有新颖性和超前性的特点。我们中学生因为特定的年龄特点和身心特点，对于作为时代特征的流行事物比起其他年龄阶段的人群，接受得更快，适应得更快。我们由于敏锐的思维和较强的好奇心，对于流行的事物，比如流行歌曲、流行服饰，包括一些流行词汇都很容易接受，并能很快地去模仿、追逐。因为对于社会信息输送、传播的快速和社会生活内容发展的超前，使得网络里呈现出比现实社会中更多、更新的流行事物。例如，以火星文为代表的网络文字的出现与流行，以网络文学为代表的超现代主义文学的出现和流行，从根本上对现代汉语传统表达内容和方式产生冲击和否定，还包括网络店铺的开设、网上交易的频繁，等等，这些可以说是社会流行的一角，或者是对社会流行进行了超越的流行。

当今社会，尤其是在网络空间里，我们中学生不能也不要盲目地追求流行。这是因为：第一，流行不是经典，流行的事物只有经过时代的洗礼和时间的沉淀后，剩下的才是经典。所以，流行的事物虽然也能被人们所喜爱、所追逐，但很多都是短暂的，不能恒久地被人们所认同。虽然这些流行的事物，很适应人们“喜新厌旧”的心理，但是，这其中很多不能持久的事物，是经受不住岁月的考验的。只有成为了经典的流行，才能够对人们生活产生深远的影响。第二，流行的事物，良莠不齐，并不都是好的。尽管这个事物流行了，证明被一部分人或某一个人群所认同，但是它并没有一种非常准确的标准来衡量它的好坏、优劣，也就是说一些已经流行的事物，它并不都对我们的健康成长有益。所以，我们不能不加分析和判断，就一味地追逐流行。流行的事物对我们成长有益的，我们当然可以去追求，但切忌盲目。比如，现在许多中学生“追星”，只要是“明星”就追逐，并热衷于一些“八卦”新闻。这对我们的健康成长是不利的。现在许多中学生一味地追求网络流行，对那些所谓火星文一味地模仿，并用于现实生活之中，这些行为都是对我国悠久灿烂语言文字严重的亵渎和嘲讽，是完全错误的。我们会因为盲目追求流行，耗费大量时间和精力，从而影响到自己的学业；也可能会因为盲目追求流行，使得自己的虚荣心膨胀，从而在“乱花渐欲迷人眼”的流行之中迷失自我。

我们中学生抵御网络流行事物的诱惑，必须要有坚强的意志，只有意志坚强了，才能通过正确的分析与判断，在这个网络流行“泛滥”的时代，保持住自我的尊严与本色。

小结

1. 正常的人是具有坚强意志的人；异常的人，永远是意志薄弱的。

2. 当今社会，尤其是在网络空间里，中学生不能也不要盲目地追求流行。

3. 中学生会因为盲目追求流行，使得自己的虚荣心膨胀，从而在“乱花渐欲迷人眼”的流行之中迷失自我。

相关链接

增强中学生心理“韧性”的建议

所谓韧性，就是认准一个目标，长期坚持，不虎头蛇尾，不见异思迁，不半途而废，不达目的决不罢休。一个中学生心理韧性强不强，对他将来的发展和事业的成功关系重大。一位奥运会十项全能金牌得主在回答记者访问时说：“奥林匹克水平的比赛，对运动员来说20%是身体方面的竞技，80%是心理上的挑战。”中学生正处在性格的形成和发展的关键时期，心理韧性的培养与指导至关重要。如何增强中学生心理韧性呢？建议从以下几个方面着手：

1. 让学生完成艰苦的项目

每学期，学校都要规定学生完成几个艰苦的项目，例如长跑比赛或越野跑等。这不仅能培养学生的心理韧性，而且也能培养学生团结友爱、助人为乐、集体主义精神。尤其是对于平时学习成绩上不见优的学生，给了他一个“英雄有用武之地”的机会。经受艰苦环境的锻炼，是增强心理韧性的好举措。只有吃苦，才能耐大劳。

2. 让学生经受“挫折”考验

现在的学生，生活在优越的家庭环境中，受到长辈的厚爱。但长辈对孩子们的“爱”，往往是停留在满足孩子吃、穿、用的需要上，而对孩子们的道德思想教育、心理素质教育往往不重视或不懂得如何教育，所以应在学校教育中补上这一课。教学中，教师要有意识地安排适当难度的练习题，让他们付出一定的努力，在独立思考中解决问题，同时使学生体验到战胜困难以后的感受。有些好学生偶然一次考试失常，就灰心丧气，悲观失望，甚至离家出走，这都是缺乏心理韧性、受挫能力差的表现。

3. 帮助学生创造成功的记录

中学生常有“决心大，行动小”的性格特点，他们为自己制定的计划在实施过程中往往被自己薄弱的意志所中断，所以帮助中学生创造成功的记录，为他们的成长鼓劲，是培养心理韧性的起点。

4. 对学生进行正确的价值导向

目前教师叹学生学习动力不足，家长叹子女要求不高，学生叹学得太累太苦。马克思说：“人的根本动力就是需要。”学生如果没有学习的需要，哪来学习的动力呢？现在不少学生不愿吃苦，贪图享受，逃避学习，得过且过，为“中华崛起而读书”者越来越少。相反他们对社会的要求却越来越高了，他们往往要求别人尊重自己，但却不懂得尊重别人。这些现象应该引起全社会的重视，特别是教育工作者的重视。我们一定要帮助学生树立正确的理想、信念和价值观，加强“国家兴亡，匹夫有责”的民族责任感教育。应指导学生把认真学习和热爱祖国联系起来，把意志品质的培养和成就事业联系起来，把开发智力、提高能力和造福全人类联系起来，使他们在竞争的风险、困难、挫折中去品味人生的真谛。

思考与讨论

你打算用什么方式来增强自己的意志力？为什么？

网络是我们当代中学生最重要的学习生活工具之一。应该以怎样的方法认识网络，避免陷于把网络“妖化”或“神化”的误区？面对网络，我们应怎样作出正确的选择？如何认识“网瘾”的表现特征和严重危害？如何通过自我本色的保持来彻底根治“网瘾”？在网络社会中完善自我的根本途径又是什么？这些问题成为了处于现实网络社会中和现实网络环境下的我们，深入认识网络、利用网络的必修课。

第四章

驾驭网络

一、走出认识网络的两大误区

提示

1. 只看到网络给中学生健康成长的消极影响，忽视或看不到网络给中学生健康成长的积极影响，是陷入了把网络“妖化”的误区。

2. 只看到网络给中学生健康成长的积极影响，忽视或看不到网络给中学生健康成长的消极影响，是陷入了把网络“神化”的误区。

3. 家长、老师引导中学生认识、利用网络需要采取正确的途径。

1. 中学生认识网络的两大误区

我们在认识网络的过程中，如果没有运用马克思主义一分为二和发展的观点，就可能陷入认识网络的两大误区。我们认识网络的两大误区是：

（1）只看到网络给我们健康成长的消极影响，忽视或看不到网络给我们健康成长的积极影响，从而陷入把网络“妖化”的误区。

（2）只看到网络给我们健康成长的积极影响，忽视或看不到网络给我们健康成长的消极影响，从而陷入把网络“神化”的误区。

这两个误区都是因对网络的错误认识所致，都将对我们的健康成长不利。

2. 认识网络给我们健康成长的积极影响，走出“妖化”网络的误区

网络的信息化特征催生着我们现代观念的更新，如学习观念、效率观念、全球意识等。它使我们不断接触新事物、新技术，接受新观念的挑战。中山大学心理学系主任杨中芳教授认为，除非法黄色和暴力网站可能对孩子造成伤害外，网络带给孩子正面的东西远比负面的要多。并且，对于中学生来说，网络是不可回避的东西，无论你喜不喜欢，它注定都要成为我们生活不可或缺的东西，不让中学生上网，反而对他们的成长不利。通过调查，有将近 53.4% 的家长并不支持中学生上网，也没有对孩子进行上网引导。这主要是因为只看到网络给我们健康成长的消极影响，没有认识到网络给我们健康成长的积极影响，而将网络“妖化”。

一般说来，网络给我们的健康成长有以下积极影响：

（1）开阔视野。

因特网是一个信息极其丰富的百科全书式的世界，信息量大，信息交流速度快，自由度强，实现了全球信息共享。我们在网上可以随意获得自己的需求，在网上浏览世界，认识世界，了解世界最新的新闻信息、科技动态，极大地开阔我们的视野，给学习、生活带来了巨大的便利和乐趣。

（2）加强对外交流。

网络创造了一个虚拟的新世界，在这个新世界里，每一名成员可以超越时空的制约，十分方便地与相识或不相识的人进行联系和交流，讨论共同感兴趣的话题。由于网络交流的“虚拟”性，避免了人们直面交流时的摩擦与伤害，从而为人们情感需求的满足和信息获取提供了崭新的交流场所。我们上网可以进一步扩展对外交流的时空领域，实现交流、交友的自由化。现实中的我们中学生大多是独生子女，在家中比较孤独，从心理上说是最渴望能与人交往的。现实生活中的交往可能会给我们特别是内向性格的人带来压力，但网络交往却给了我们一个新的交往空间和相对宽松、平等的交往环境。

（3）促进个性化发展。

世界是丰富多彩的，人的发展也应该是丰富多彩的。因特网就提供了一个无限多样的发展环境。我们可以在网上找到自己的发展方向，也可以得到发展的资源和动力。同时，利用因特网就可以学习、研究乃至创新，这样的学习是最有效率的学习。网上可供学习的知识浩如烟海，这给我们进行大跨度的联想和想象提供了十分广阔的空间，能为我们创造性思维的形成不断输送养料。一些电脑游戏在一定程度上也能强化我们的逻辑思维能力。

（4）拓展受教育的空间。

通过调查，发现有15%的中学生通过上网而提高了学习成绩。因特网上的资源可以帮助我们找到合适的学习材料，甚至是合适的学校和教师，这一点已经开始成为现实。这里值得提出的是，有许多学习困难的学生，学电脑和做网页却一点也不叫苦，可见，他们的落后主要是由于其个性类型和能力倾向不适合某种教学模式。可以说，因特网为这些“后进生”提供了一个发挥聪明才智的广阔天地。

当今社会，许多学生家长将大量的时间放在了工作上，很少有大人陪伴的我们只好利用上网来消磨时间。作为家长一定要关心自己孩子的学习和生活情况，避免孩子在不被父母知道的情况下私自去网吧上网。而家里就可以上网的家庭，家长应该对网络有一定的认识，要正确引导孩子上网，关心孩子上网到底在干什么，让孩子上网真正是为了增长知识。心理咨询实践表明，许多家庭教育失败的原因，就与家长和孩子之间缺乏有效沟通相关。

钟志农，2005年度浙江省“十佳家长”之一，一直专注于对青少年心理学的研究。一次采访中，钟志农告诉记者：作为一名家长，要帮助孩子戒除网瘾应从认知上解决，因为自控才是根本，而非他控。在自控基础上才能形成他控。而控制也须适度，不能全盘否定，完全割断孩子与网络的联系。网络有其精彩的一面，一些富有人文性、趣味性和科学性的信息还是值得一看。钟志农平时上网喜欢看看新闻、下下资讯，很少聊天，绝大部分上网时间就是“泡”在自己办的网站上。“心海扬帆”（www. xhyf. net）是钟先生自费办的公益型论坛，专为中小学生进行心理辅导，针对各种家庭教育问题为家长解疑答难。论坛活跃，受到广大家长和学生的欢迎，目前已有7900多名会员，分布面广，除了西藏和澳门，会员几乎遍布全国各地，还包括海外华人。

希望更多家长、老师能像钟志农先生一样看到网络给我们青少年学生成长带来的积极因素，耐心地指导自己的孩子正确地认识网络、合理地利用网络，而不至于陷入把网络“妖化”的误区。

3. 认识网络给我们健康成长的消极影响，走出“神化”网络的误区

科技发展史不断证明，科学技术像一把双刃剑，既有有益于人类发展的一面，也有危害人类利益的一面。网络作为信息社会的技术新生儿，也不例外。我们身心发展的不成熟性、网络的特殊性和网络发展的不完善性，决定了我们在看到电脑网络对我们有利一面的同时，更应该看到它的消极影响，并引起足够重视。

网络给我们健康成长的消极影响有：

(1) 网络信息的丰富性易对我们造成“信息污染”。

网络是一个信息的宝库，同时也是一个信息的垃圾场。网上各种信息良莠并存，真假难辨，由于缺乏有效的监管，网上色情、反动等负面的信息屡见不鲜。同时，网络的互动性与平等性，又使得人们可以在一个自由度相对很大的环境下接收和传播信息。这些不良信息对于身体、心理都正处于发育期，是非辨别能力、自我控制能力和选择能力都比较弱的我们来说，是难以阻挡的。个别网吧经营者更是抓住我们中学生这一特点，包庇、纵容、支持青少年学生登录色情、暴力网站，使我们沉迷于网络不能自拔。我们中的极少数人也因不堪这些负面影响而走上偷盗、抢劫、强奸、杀人的犯罪道路。

（2）网络信息传播的任意性容易弱化我们的道德意识。

丰富多彩的互联网信息极大地丰富了我们的精神世界，但是由于信息传播的任意性，形形色色的思潮、观念也充斥其间，对于自我监控能力不强、极富好奇心的我们具有极大的诱惑力，很容易弱化我们的道德意识，甚至导致道德规范的丧失。同时互联网上信息接受和传播的隐蔽性，使我们中学生在网络上极易放纵自己的行为，完全按照自己的意愿来做自己想做的事，忘却了社会责任。部分人并不认为“网上聊天时说谎是不道德的”，认为“在网上做什么都可以毫无顾忌”等，使得对自我行为的约束力大大减弱，网上不良行为逐渐增多。

（3）网络的虚拟性造成我们社会化的“不足”。

网络可以即时传送文字、声音、图像，为我们的人际交往提供了多媒体化、互动性的立体途径。网上收发电子邮件方便、快捷，QQ新奇、及时，聊天室轻松、愉快，BBS的讨论自由、广泛，我们通过这些途径可以与许多互不相识的人交谈、来往，互相帮助，互相倾诉。但是，这种社会化只是一种虚拟的社会化，人与人之间的交往存在机器的阻隔，是一种“人—机—符号—符号—机—人”形式的交往。这种形式的交往去除了互动双方的诸多社会属性，带有“去社会化”的特征，与真实社会情境中的社会化相去甚远。而且，我们的网络交往大多只限于同龄人之间，与家长、老师、亲戚朋友之间的社会互动较少，代际间的学习、互动明显不足。这一点从我们的调查中可以看到，20.4%的中学生上网的主要目的还是聊天。

（4）网络的诱惑性造成我们“网络上瘾”、“网络孤独”

等症状。

网络到处都是新鲜的事物，而且在不断地增加。因此对易于接受新鲜事物的我们有着无限的吸引力，这种吸引往往会导致我们中学生对网络的极度迷恋。其中，男性中学生是网迷的主要人群，由于心理素质不强，自制能力相对较弱，他们往往成为网络性心理障碍的多发群体。这部分人将网络世界当作现实生活，脱离时代，与他人没有共同语言，从而表现为孤独不安、情绪低落、思维迟钝、自我评价降低等症状，严重的甚至有自杀意念和行为。

据2008年统计，全国2.2亿中小学生中，平均每分钟发生一起刑事案件，青少年犯罪已经占到了全国刑事犯罪总数的70%，并且有向低龄化、团伙化、恶性化发展的趋势，其中有45%的未成年人犯罪与上网成瘾有直接关系。据北京大学精神卫生研究所研究员王玉凤介绍，我国17岁以下未成年人约3.4亿，保守估计，有各类学习、情绪、行为障碍者3000万人。其中中、小学生心理障碍患病率为21.6%至32.0%，突出表现为人际关系、情绪稳定性和学习适应方面的问题。大学生中，16.0%至25.4%的有心理障碍，以焦虑不安、神经衰弱、强迫症状等为主。近几年，儿童、青少年的心理问题有上升的趋势。卫生部2002年儿童、青少年心理健康问题座谈会公布的调查统计显示，我国儿童、青少年行为问题的检出率为12.97%，有焦虑不安、恐怖和抑郁情绪等问题的大学生占学生总数的16%以上，而世界卫生组织的调查显示，只有不足1/5的患者得到了适宜的治疗。

小峰是个聪明又内向的男孩。从小学到初中，他的学习成绩一直很好，还跳过级。2006年9月，小峰以全校第一名的成绩考入一所重点高中。由于从小父母离异，小峰跟着母亲生活。开学伊始，生怕委屈儿子，母亲省吃俭用，给足儿子生活费。以前，小峰从未接触过电脑，住宿后的一个傍晚，他随同学来到一家网吧。这个网吧，改变了小峰的生活。像所有患网瘾孩子所经历的一样，小峰偷偷拿母亲给自己的生活费，一次次地上网。很快，电脑游戏、聊天等变得轻车熟路，怀着巨大的好奇心，小峰开始涉猎“网婚”。这时，一个偶然机会，他在网上结识了网友小雪。青春期的男孩女孩容易冲动。从聊天、通电话再到视频聊天，3 天后，通过屏幕，小峰看到对方是一个活力四射的女孩，两个孩子开始通宵达旦地聊。“我们结婚吧！”女孩提出请求。“10 元人民币能兑 100 万元网络币。”女孩告诉小峰。于是，小峰花 100 万网络币购买了网络喇叭，对网上其他玩友进行通知，随后点了申请结婚的按键。小雪也同时申请后，两人就成了“夫妻”。到办“婚礼”的时候，挑选婚纱、选订饭店、宴请宾朋，这些项目网上全有，但全是付费的！这一套程序下来，花了小峰 5000 万元网络币，即 500 元人民币！“婚”后，“妻子”小雪几乎天天要求“逛街购物”，置办“新房用品”，小峰不得不继续掏钱埋单。为讨“妻子”欢心，他开始向母亲撒谎要钱。小峰的学习成绩一落千丈，学校通知了家长。母亲流着泪要他戒网瘾，小峰被迫点头。令他始料不及的是，当他把这个消息转告给小雪时，对方绝情地“申请离婚”。从此，小雪“失踪”了。小峰陷入失恋不能自拔，他开始逃课上网。为了报复，小峰通过网上聊天，用花言巧语欺骗女孩的感情，并想方设法让对方花钱“结婚”。随后，他再“离婚”。就这样，不到半年时间，他“结婚、离婚”100 余次。

小峰的“网婚”经历给了人们沉重的思考，更告诉我们青少年学生：必须看到网络给自身成长带来的消极因素，只有在家长、老师的引导下，正确认识网络、合理利用网络，才能杜绝这样的悲剧再次发生。

4. 家长、老师应加强对孩子认识、利用网络的正确引导

家长、老师对待孩子的上网行为要支持，更要进行正确引导，只有这样才会使网络对我们一生产生积极影响。

首先，正确处理“疏”和“堵”的关系，要正确引导孩子在家里上网。

现在电脑已经进入家庭，有的家长并不是买不起电脑，而是担心孩子上网玩游戏，接触不良信息而学坏，干脆采取“堵”的办法，不让孩子有接触电脑的机会，但我们中学生对新鲜事物总是好奇的，家长不让在家上网，就找各种借口接触网络，到网吧上网。一个初一女生到网吧玩，到了晚上 12 点多都没回家，家长很着急，调动全家挨个到网吧找，终于在一家大型网吧找到，家长才如梦方醒，赶紧给孩子买电脑上网，但这个女生对学习已经厌倦了。孩子因在网吧上网而致使打架甚至闹出人命的事例也不少，这些因家长的一时不慎或疏忽造成孩子一生难以弥补的缺憾的事例实在应引起广大家长和老师的高度重视。所以，家长不妨采取“疏”的办法，买电脑，让孩子在自己家里上网，并进行正确引导。

其次，引导孩子把网络作为提高自己技能的一种工具。

家长和老师要引导孩子上网学习，可以引导孩子上一些学习网站如黄冈中学网校、北京四中网校和自己所在中学的校园网，补充课堂上没有听懂的知识点，向网校老师提问，使孩子养成归纳总结的好习惯，培养学习兴趣，提高学习成绩。孩子在上网时，可以引导他们查阅一些与学习内容有关的资料，拓展他们的知识视野，还可以引导他们用 E-mail 收发信息，制作幻灯片，学习 Flash 动画平面设计，学习设计网页，在网络上安家，撰写博文、日记等等，提高他们应用计算机的能力。而不是让他们利用高科技的东西去浏览一些无聊的东西，聊些无聊的话题，浪费自己宝贵的时间。这样才能够很好地促进他们健康成长，不在信息时代迷失于网络。

最后，与孩子一起上网。

家长是孩子的首任老师，家长的态度，家长待人接物的方法，时时刻刻都在影响着孩子的成长，决定着孩子的前途和命运。家长和老师们应该意识到，作为主宰新世纪的一代，我们当代中学生终究是离不开网络的。所以，一些家长和老师不妨放下对网络的成见，更新观念，主动接触网络，做学习型家长和学习型老师，不断提高自身素质，加深对网络利用的认识，把它当作一种生活、工作工具来看待，多和自己的孩子、自己的学生一起上网，并对他们的上网行为、习惯进行监督和引导。

总之，随着计算机网络的日益普及，上网成为极其平常的事情，网络与我们的距离越来越近了。据最近的一项调查显示，呈几何级数增长的网民中有2/3是学生。作为家长和老师应该让青少年端正上网的动机，千万不能雾里看花，要教会孩子们用一双慧眼，把网络的利弊看得清清楚楚、明明白白。网络本身代表着社会的进步、人类的发展，它给人类社会及我们中学生健康成长带来的是福还是祸，归根结底在于如何利用它、掌握它、发展它。网络对我们的健康成长是一把“双刃剑”，它既给我们带来积极的影响，也给我们带来消极的影响，它既不是“洪水猛兽”，也不是“精神家园”。只有包括广大家长、老师和学生自身在内的更多人，深入地认识这种积极影响和消极影响，才能走出把网络“妖化”或“神化”的误区，正确认识、合理利用网络，在网络的帮助下，使我们充分地、更好地实现自我、展现自我。

小结

1. 网络给我们的健康成长的积极影响有：开阔视野、加强对外交流、促进个性化发展、拓展受教育的空间等。

2. 网络中，人与人的交往形式是“人—机—符号—符号—机—人”。

3. 网络既不是“洪水猛兽”，也不是“精神家园”。

相关链接

中学生在网络学习中的特点

作为处于发展中的中学生而言，他们一方面是互联网使用者的主力军，是接受新事物的受益者，另一方面，由于网络发展的不成熟，相应法律法规的不完善，我们的中学生又是大量垃圾信息的接受者，是首当其冲的受害者。

学生们对通过网络进行学习有强烈的好奇心，他们愿意通过网络教育这种新方式进行学习，如果能正确引导，他们学到的知识将更加广泛，更加深刻，他们自我学习和创新思考的能力也会得到提高。但他们的自制力和判断力有限，常常被商业炒作左右其思想。因此他们在网络上大量的时间被用在聊天，游戏，无意识、无目的地浏览信息上，甚至发展到观看黄色、反动内容导致犯罪。某杂志上有这样一句话："如果你爱他，你把他送上互联网，因为那里是获取知识的天堂；如果你恨他，你把他送入互联网，因为那是藏污纳垢的地狱。"正是如此，许多学校视网络为洪水猛兽，不是避而远之，就是坚决封堵。但因为网络本身的强大功能已在各个行业渗透，其优势显而易见，它是不可阻挡的潮流，加之中学生的逆反心理，越是封堵，学生就越是好奇，如不正确引导，反而会使学生走向歧途。因此我认为网络宜疏不宜堵。水能载舟亦能覆舟，作为教师必须主动积极地对学生进行正确引导才是上策。

由于互联网是一个开放的网络，任何人都可以发表言论，学生在网络上可以相互进行交流，可以发表自己的意见，对课程、时事或自己感兴趣的内容在网上进行讨论而不需要任何人的批准。他们在一个开放的环境里畅所欲言，在自觉不自觉中极大地发挥了自己的能力，运用了所学的知识。但正因为如此，网上内容参差不齐，有很多内容缺乏科学性，或者真实内容与虚拟内容相混杂，很容易使判断力和知识水平有限的中学生迷茫，从而盲目地跟随，这样反而使他们的知识体系变得凌乱。

总的来说，中学生在网络自主学习中出现这样一些共同点：好奇心强、判断力弱、学习自主性提高、学习目的性下降、知识范围扩大、知识系统性削弱。针对这些情况，为了使网络教育能得到正确的发展，必须要依靠教育中起主导地位的教师进行正确的引导，发扬学生自主网络学习中的一些优点，避免和克服其负面影响，使网络教育发挥最大的功效。

思考与讨论

利用课余时间举行一场辩论赛，正方辩题“网络给中学生的积极影响大于消极影响”，反方辩题“网络给中学生的消极影响大于积极影响”。

二、正确的选择能让我们更好地利用网络

提示

1. 网络改变了我们的思想和行为。
2. 网络加速了我们自我价值的实现。
3. 网络促使了我们生活的变形走样。
4. 我们在两难境地的网络环境中应做出正确选择。

1. 网络改变了我们的思想和行为

这是一次调查得出的数据：

（1）中学生上网情况：上网的占100%，没有上网的占0%。

（2）中学生上网地点：比例最高的是在网吧，占75%，其次是在家占19%和学校占6%。这说明现在上网的地点还是以网吧居多。

（3）中学生上网目的：现在中学生上网的主要目的是，为了聊天占100%，玩游戏占40%，看电影、听歌占53%，只有20%的同学上网是为了查找资料，但是在查找资料的学生中还有一部分学生是查找如一些明星资料等。

（4）中学生上网所用时间：一天内上网所用时间在1～3小时的中学生占27%，3～6小时的占30.8%，10小时左右的占20%。

（5）中学生上网对身体的影响：因上网而导致视力下降的情况，下降厉害占42.8%，稍有下降占43.8%，无变化占21%。

（6）中学生上网对学习的影响：因上网而导致学习成绩下降的情况，有下降的占40%，没有下降的占60%。

（7）父母对中学生上网的态度：支持占13%，不清楚占13%，反对占74%。

（8）中学生浏览不良网页：浏览过的占33%，没有的占67%。

（9）中学生了解网络情况：调查对象都上过网，但却还是有40%的中学生对网络知识了解很少，且对网络知识不感兴趣，只对上网玩游戏和聊天等有兴趣。

分析以上的调查结果，可以看出大多数中学生在上网的时候没有计划，且很多都没有受过网络道德等方面的教育和指导；很少学生用网络来进行学习；虽然大多数的家长极力反对自己的孩子上网，但还是有很多中学生上网成瘾。这些问题都现实地表现在我们身上。从以上数据，可以知道网络已经实实在在改变了我们的思想和行为。

2. 网络加速了我们自我价值的实现

资料1：如果提及微软几乎无人不晓，但要说起微软公司请的顾问是个十几岁的孩子，却鲜为人知。眼前的世界是年轻人的乐园，网络信息世界的魔力使不受传统思维约束的年轻人更易于获取新的知识，更易于创新，而一旦获取并掌握了新的知识，也就会站在一个新的起点。为此，世界各国对当前教育的发展及信息技术在教育中的应用都给予了前所未有的关注。2006年初，教育部对我国中小学信息技术教育作出明确规划：全国范围内，到2003年在高中阶段普及信息技术教育；2005年，实现初中阶段普及工作；2010年，达到小学阶段的普及目标。时间紧迫，教育部副部长吕福源在会上疾呼，中小学信息技术教育要作沸水中跳出的青蛙！

资料2：庞阳，一个曾经在湘潭市第一中学就读过的普通学生，他从初一开始就表现出对计算机极大的兴趣，2003年获得了湖南省信息学奥林匹克竞赛一等奖，2004年荣膺了当年湘潭市理科“高考状元”。在清华大学计算机系学习4年后，庞阳已于2008年9月赴法国留学深造。谈到自己的求学经历时，庞阳说是计算机帮助了他，是互联网给他提供了一个展示自我，获得成功的舞台。因为在家长、老师的正确指导下，充分利用网络加强学习，才使他的自我价值得到了充分体现，使他的人生有了更多的精彩。

现实生活中，有着许多像庞阳一样利用网络加强学习、努力钻研、实现自我的成功范例。从这些事例中，可以看出网络不仅可以造就出许多“网络天才”，而且能够加速我们自我价值的实现。

3. 网络促使了我们生活的变形走样

事例1：苏州有一位中学生，接触网络前品学兼优，学校和家长都视之为一棵好苗子。一个偶然的机会该生接触了网吧，从此便一发而不可收拾，学习成绩一落千丈。到最后，该生偷偷上网甚至一连十几天不回家。孩子母亲含泪给苏州市领导写信反映情况，引起了苏州市长的高度重视。此事当时在苏州反响极大。一位中学老师直言不讳，在她教过的毕业班中，"网虫"学生很少有学习成绩出类拔萃的。中学生自制能力差，一旦沉湎于纷繁复 杂的网络中，将很难自拔。

事例 2：2004 年 10 月，北京市一初中生从 25 楼纵身一跃，结束了自己的生命，原因是自卑，成绩不好，脱离不了网瘾。2002 年 3 月，身为教授儿子的黄毅留下遗书之后，在自家的楼上坠身而下，结束了自己年轻的生命——又一个年轻的生命在校园里消失。有关人员向记者证实，黄毅留有一份 100 字左右的遗书，大致内容是：学习负担太重，实在承受不了压力，不想活了……一桩一桩血的事实，像针一般扎进我们的眼睛，让人感觉触目惊心。

在现实社会中，像这样的例子还有很多，网络强有力地冲击着我们的学习和生活，并使之变形走样。要正确认识、合理利用网络，就要求我们不但要知道网络带来的积极影响，更应清楚网络带来的消极影响，从而在两难境地中做出正确的选择。

4. 我们在两难境地的网络环境中应做出的正确选择

（1）防止网瘾综合征。

网络是个无限大的虚拟世界，很容易让人上瘾，长期迷恋网络，我们中学生自控力差，对网络的迷恋程度往往会更高。

在美日英等发达国家，上网综合征已经成为严重的社会问题。在美国有个典型的例子，充分揭示了因特网综合征的严重性：有个少年"网虫"，因在网上漫游而茶饭不思。没有办法，父母只得给他配备了轮椅，以便开饭时能强行将其从电脑旁"推"开。他的手指总是不停地动着，仿佛要让想象中的鼠标移动似的。他只是为了活下去才睡觉和吃东西，他从不离开自己的屏幕。最近台湾多位学者对台湾 2000 多名大学生也做了一项调查，结果发现，许多学生患有被称为“网络上瘾症晚期”的“绝症”，这种人长期沉醉在网络世界，已经不懂得与正常人沟通，他们超过 1 小时不上网手便会发痒，把桌面当键盘敲……

我国中学生上网热正在形成，长期上网者出现全身打战、痉挛、摔物品，同时出现健忘、头痛、脾气暴躁、注意力不能集中等症状，应当引起我们的高度警惕。

（2）警惕“黄色”污染。

Internet 无国界、超控制的特点，使黄毒借网络弥漫开来，以至有泛滥成灾的势头。我们中学生对自己的行为尚不完全具备判断和驾驭能力，好奇心常常会破坏我们的自控力，很多家长不会电脑操作就难以监控和禁止孩子访问黄色站点。另外，目前网吧普及率高，学生有条件在课余时间到网吧上网，有的进入黄色网站浏览，或玩黄色游戏。据报道，在离南京市某中学不远的一个天桥上，来往的学生络绎不绝。几个提着大手袋的民工在发放宣传单，发放对象以来往的学生模样的年轻人为主。宣传单上面的内容实在低俗：“想‘性’趣‘昂’然吗？请点击＊＊＊.com”；“点击我们的网址，走进属于你我的恋爱天地”。在某中学校园厕所的墙上也贴着许多网址，如“想知道异性的秘密吗？打开＊＊＊.com‘写真天地’等着你”，显然是黄色网站。

要防止中学生受到黄色污染，就应做到：一是家长和学校要对中学生进行正确的引导和教育；二是我们要强化自己的防范意识，主动拒绝黄色污染；三是要通过技术手段阻止黄色污染的传播，比如设立防火墙等；四是我们尽量不要独自一人上网。

（3）慎交网友。

据调查，目前中学生上网的目的，有八成是为了聊天交友。

事例1：小莉是一名初中生，她在网上结识了一位名为“风中男孩”的网友。“风中男孩”言语幽默，和小莉聊得很投机，一天晚8时许“风中男孩”约小莉到某酒吧见面。小莉想：自己以前见过几个网友，都没什么，再说是在酒吧里，也就同意了。到了酒吧，发现网友是位30多岁的男子。这人一坐下来就开始对小莉拍拍打打、动手动脚，并要小莉到他的住处去。而且不顾小莉的劝阻，点了一瓶红酒要分着喝。小莉好几次说要回家都被阻拦，最后她急中生智，佯装认识酒吧里的客人，并与之打招呼才得以脱身。

事例2：2000年11月，四川某中学的一名女孩在网上结识了辽宁省凤城市的一位网友，经过一段时间的网上交流，女孩产生了非要见到网友的坚定信心。经与网友联系，女孩拿了家里2000元钱不告而别跑到凤城市。女孩到凤城市后，网友并未如约与之见面，女孩于是每天都到网吧查找。一周后，钱花光了，也没有找到网友。女儿失踪后，父母多方查找线索，终于从女儿在家拨打过的长途电话号码上找到一点信息，于是和凤城警方取得联系，在警方的帮助下，终于找到了女孩，此时女孩已身无分文。

由于目前网民的低龄化，有一些不法分子就利用我们这群追求时尚的小“网迷”们不成熟的心理进行情感欺骗，有的甚至是犯罪。我们中学生要慎交网友，第一是在网上不要把自己的真实住址轻易告诉网友；第二是不能把自己的家庭和经济情况告诉网友；第三是不要轻信网友自我介绍的情况；第四是不要轻易与网友会面。

（4）抵御网络游戏诱惑。

①网络游戏诱惑的主要表现。

第一，发展迅速：网络游戏业已成为我国成长最快的产业。

2007 年网络游戏市场达 60 亿元的产业规模，2008 年已迅速增加到近 70 亿元。中国网络游戏玩家已超过 2000 万人，而近 78 亿元这样一块巨大蛋糕的诱人前景，无疑将引来激烈的拼抢，同时使网络游戏行业得到空前的发展。

第二，针对性强：网络游戏产业的对象主要就是我们青少年学生群体。

据新闻出版总署统计，我国目前网络游戏用户 16 岁至 30 岁的占全部网络游戏用户的 87.4%。有人对北京市 593 名中学生的调查发现，中学生患网络成瘾综合征的比例是 15.8%。

第三，可乘机会大：过重的学习负担迫使更多中学生走向网络游戏。

在当前的教育模式下，我们中学生普遍课业负担很重，很多孩子没了“自我”，活得很累、很压抑，又缺乏必要的宣泄途径，而在网络游戏中没有人强迫你去做功课，这个环境对我们很有吸引力。在网络游戏里我们能体验到许多极限感受，如可以目击血雨腥风的杀戮场景，发泄不快心理；可以过关斩将，感受崇拜者的眼光；可以和上千人同时边打边聊，交上一些天南地北的朋友等。

②拒绝网络游戏诱惑的对策。

第一，正确认识网络，提高对社会事物尤其是网络事物的判断力。

第二，合理利用网络，加强对上网时间的调整、上网活动的限制。

第三，适应网络环境尤其是网络游戏的发展与变化，做到不沉溺、不痴迷。

网络社会已经悄然而至，人们既不能因为其强大的生命力和对我们发展的巨大正面作用，而忽视它所带来的种种问题，也不能因为它的负面作用而敬而远之。学校、家庭和社会各方面应该加强对我们中学生上网的研究，探索新情况，创造新方法，解决新问题，增强我们上网的成效。

广大教育者也要引导和规范相结合，使我们养成良好的用“脑”和上网习惯。通过各种途径告诉我们网络的虚幻性、信息的庞杂性，对我们的上网行为进行指导和适当规范，使我们有防范意识，学会区分现实生活和网络世界，培养我们的网络道德意识。加强对我们中学生进行网络知识的普及教育，增强我们的网络信息意识。同时更应给予适当的关心和爱护，多听听我们到底在想什么，既带好路，又提供“保护”。在目前网络法规和技术不完善的情况下，这是我们当代中学生更是老师和家长在两难境地的网络环境下应做出的正确选择。

小结

1. 在现实社会中，网络强有力地冲击着我们的学习和生活，并使之变形走样。

2. 在两难境地的网络环境中应做出的正确选择：防止网瘾综合征、警惕“黄色”污染、慎交网友、抵御网络游戏诱惑。

3. 教育者要引导和规范相结合，使我们养成良好的用“脑”和上网习惯。通过各种途径告诉我们网络的虚幻性、信息的庞杂性，对我们的上网行为进行指导和适当规范。

相关链接

中学生如何进行网络交往

作为中学生，如何正确进行网络交往呢？

［新闻背景］正读高二的曹申，自从家里买了电脑后便成了地道的网迷。他喜欢在论坛上灌水，生活中每有不快或烦心事，他便上网发帖倾诉。几天前，同学兼网友武剑得罪了他，他耿耿于怀。“在网络世界里，没有人知道你是一条狗。”带

着这种认识，曹申想了个“狠招”——他特意到学校网站注册了个网名，并在论坛上发了一个“武剑暗恋英语老师××”的帖子。此帖一出，全校哗然。看到武剑在舆论压力下一蹶不振的样子，曹申别提多爽了。没想到，一个星期后，曹申被请进了校长室。原来，网络监管员已经通过查询ID地址确认发帖者就是曹申。曹申一下子傻了眼，等待他的将是校方的严肃处理。

〔观点直击〕要有善恶观念，不可胡说乱说。互联网的匿名性特点为青少年不良情绪的及时释放提供了途径，有益于心理健康。但青少年在进行网络交往时，要把网络道德规范和网络技术置于同等重要的层面加以学习和掌握，内在地培养出自觉的网络道德意识、道德意志和道德责任，提高自我教育的能力。

〔温馨提醒〕在网络技术的帮助下，虽然每个人都可以成为“大侠”、“高手”或“泼妇”、“流氓”，其身份、行为方式、行为目标等都能够得到充分的隐匿窜改，但不要以为一个人在网上不需要承担责任和义务，而可以滥用自己的权利。在网上肆意对网友或现实中的人进行谩骂、诽谤、人身攻击，一方面这显示了自身品格的低下，另一方面，也会给对方造成不良影响，可谓损人不利己。

〔新闻背景〕温尔雅，16岁，人如其名，举止温文尔雅。她有一个模特梦，希望能成为T型台上的明星。一次，她在公共聊天室结识了一个“星探”，许诺可以为她实现梦想铺路搭桥。温尔雅自是喜不自禁，两个人聊得火热，并交换了电话号码。暑假里的一天，尔雅突然接到了该男子的电话，说他正在该市出差“选秀”。尔雅当然不能错过这个千载难逢的机会，来不及跟父母打招呼便打车去了某宾馆。对方果然很热情，边聊边劝尔雅喝饮料。一个小时后，尔雅发觉自己躺在宾馆的床上，身上的钱和手机不翼而飞，那位“星探”早已不知去向……

〔观点直击〕要增强自护意识，不随意约会网友。网络使得人们的交往空间扩大，人际沟通的时效性、便利性和准确性提高，有利于良好人际关系的建立和发展。但互联网上鱼龙混杂，青少年进行网络交往时要增强对网络文化的识别知觉能力、自律抗诱能力。

〔温馨提醒〕一般情况下，不要把自己的具体联系方式以及其他与自己身份有关的信息提供给聊天室或公共讨论区；没有父母或监护人的同意，不要向别人提供自己的照片；不要理睬暗示、挑衅、威胁等一切令你感到不安的信息；有人以赠送钱物等为理由求你前去赴约或提出登门拜访时应高度警惕；尽量不要与网友见面，因为大部分人并不总是像在网上表现的那样和蔼、可爱和有趣；即使有与网友面对面的约会，须征得家长或监护人的同意，并找人陪同，地点要选在公共场所。

〔新闻背景〕这段时间，大家不知道黎锐到底怎么了，有时兴高采烈，有时像霜打的茄子。更要命的是，单元测验他竟有好几门功课亮起了红灯。原来，刚读高一的他恋爱了，而且进行的是比较时髦的“网恋”，女友是远在深圳的“靓得想毁容”。黎锐不善交际，朋友很少。后来他听同学说网上有很多美眉，便偷偷地跑到网吧，申请了一个 QQ 号、一个电子邮箱。就是在那时候，他开始了网恋。他们在一起谈天说地，甚至还能跟成人世界一样在网上献花、送漂亮衣服互致思慕之情……现在，黎锐每天都盼望早一秒下课，好与女友网上幽会，品尝恋爱的“甘果”……

〔观点直击〕要有益身心健康，不沉溺虚拟时空。青少年网恋的大量涌现对其身心成长是极为不利的，会引发人际关系障碍，如网络孤独症、网络成瘾症、人际信任危机和各种交际冲突。性格孤僻的青少年在网上找到知己，从而会沉溺其中，远离周围伙伴，变得更孤僻。

〔温馨提醒〕中学生渴望寻找友情和知己，但现实世界的人际交往，尤其是与异性的交往，经常出现阻碍与困惑，所以网上交友、网上聊天、发电子邮件成为了中学生网络生活的重要内容，但一定要把握好度，不可沉迷，否则就会南辕北辙，适得其反。不要过分依赖网络，逃避现实；更不要把情感完全寄托在网上或某个网友上，应以平常之心与人交往，并时时检讨自己，这是杜绝网恋的有效途径。

〔新闻背景〕莫聪聪的同学几乎都上网，她也是同龄人中的网络高手。刚开始时，她一天在网上玩游戏的时间多达十几个小时，玩三四个人一组，能够网上互动的那种。七个月过去了，现在的她已经对网络有了新的认识。比如，在玩“仙境”时，经常跳出英文，为了要通关，必须强迫自己认识这些英文；在玩“帝国”时，要熟悉每个国家的地理环境，这样才能打败敌人。莫聪聪说，这些都是要有丰富的知识才行，要想成为网络高手，必须成为学习高手。老师也经常上网与他们聊天，聊网络交往等话题，现在即使是家人也不“侦察”她上网了，因为她学会了自我控制。

〔观点直击〕要善于网上学习，不浏览不良信息。互联网的普及使青少年成为“网上的一代”，网络为他们提供了丰富的信息资源，创造了精彩的娱乐时空，同时也在危害着他们的身心健康。网上一些不健康的暴力和色情内容时刻诱惑着涉世不深的年轻一代，侵蚀他们纯洁的心灵。中学生要主动摒弃这些不良信息，多获取知识，进行有效的网上学习。

〔温馨提醒〕网上内容不适合青少年的不少，网上有吸引力的陷阱太多，如性游戏、色情网站、不良聊天室等，青少年一旦被网住，必将影响正常的学习和课业。进行网络交往时，要像莫聪聪那样提高自己的认知成熟度，着力培养和形成正确的价值观、善恶评判力以及行为自制力，在光怪陆离的网络世界里健康遨游，免于成为“迷途的羔羊”。凡是那些有不良信息的网站，都不应该浏览；不健康的游戏室，都应该马上离开；如果不小心点击出了无益于身心的页面，应该马上关闭。

（摘自2008年6月26日《演讲与口才》）

思考与讨论

你有被网络诱惑的经历吗？请在班会课上谈谈自己对这次经历的体会。

三、你患上了“网瘾”吗

提示

1. 网络成瘾属于一种精神障碍疾病。
2. 中学生“网瘾”有6大征兆。
3. 我国中学生上网成瘾的主要原因是情感孤独。

网络在给我们带来精彩的同时，也给我们带来了种种困惑。沉迷网络是一种普遍的社会现象，一部分中学生凭借着自己较强的自制力，通过对网络带来的各种诱惑的抗拒，做到了克服和杜绝沉迷；另一部分中学生却由于较低的自制力以及没有意识到提高自制力的重要性，在网络中深深沉迷，有的甚至染上难以割舍的“网瘾”，从而一味地、无止境地对网络产生着依赖和痴迷。

1. “网瘾”的定义

“网瘾”也称互联网成瘾综合征、网络成瘾症（IAD），学名叫做“病理性网络使用（PIU）”。我们一般叫做“网络成瘾综合征”。目前还没有把它作为一种正式界定的疾病纳入到诊断体系当中去。最早是由葛尔·柏格在 1997 年所定立的理论化病态并且正式承认其研究价值。可以说，它是对网络的一种过度依赖，表现为对现实生活失去兴趣，网上操作时间超过一般的限度，以此来获得心理满足。当网络依恋失控，对人产生负面影响的时候，我们就把它当作心理上的一种障碍来看待。

网瘾也像毒瘾。人体内有一个“奖励系统”，这个系统的物质基础叫“多巴胺”，是一种类似肾上腺素的物质，在短时间内令人高度兴奋。毒品就是通过这个系统提高人体“多巴胺”的分泌，破坏人体平衡系统。网络也是通过消耗“多巴胺”，扰乱平衡系统，造成网迷不断寻找提高体内“多巴胺”的成分，以致成瘾，形成迷恋网络的现象。网络成瘾属于一种精神障碍疾病。

据统计，全球两亿多网民中，有 1140 万人患有不同程度的网瘾综合征，占总人数的 6%。进一步调查还发现，病人多集中在学生、无固定职业者（网虫）及家庭主妇这一群体，这些人有充裕的时间痴迷电脑，因而是易感者。

从网瘾的定义不难看出：

（1）“网瘾”是出于对网络长期的深度依赖。

网瘾患者对于网络依赖的时间之长与程度之深，远远超出了正常的范围。这种“长”和“深”又使得网瘾患者对于网络的沉溺与痴迷，远非正常人所能及。

（2）“网瘾”是一种心理病态。

网瘾既是一种心理障碍，又是一种心理失控。这种障碍主要表现为网瘾患者对于现实生活失去兴趣，对于现实情感失去激情。这种失控主要表现为网瘾患者对于上网“度”的把握毫无节制（上网时间和网络内容的沉迷），以致自我放纵。

（3）“网瘾”是一个社会问题。

从网瘾患者在世界网民中的比重，从网瘾易感者的年龄特征和特定社会群体，从网瘾患者人数逐年增加的趋势，不难看出："网瘾"不仅已经成为了一个严峻的社会问题，而且已经成为了一个迫切需要拿出相应对策与措施以期尽快解决的社会问题。网瘾患者对现实世界认识的偏颇甚至颠倒，对现实社会的回避与否定，严重地威胁着人类社会的发展进程。

2. 中学生上网成瘾的征兆

北京高教学会心理咨询专业委员会督导、中国人才研究会超常人才专业委员会理事长贺淑曼教授，于2006年4月提出中学生"上网成瘾"的6大征兆：

（1）每天上网时间8小时以上，而且越来越长，无法自控，特别是晚上常常上网到深夜。

（2）行为反常，比如逃学、废寝忘食、不与人交往、对人冷漠、脾气暴躁、关机后烦躁不安等。

（3）经常在网上与陌生人聊天，甚至发展到通电话、约会等。

（4）电脑里常出现暴力、色情、赌博等图片。

（5）有说谎隐瞒上网情况及程度的行为。

（6）宁肯借钱上网或甘冒一定的危险，比如去偷钱或偷用别人账号上网等。

这6条中学生上网成瘾的征兆，也可以看成中学生网瘾的特征。另外，如果一个中学生有以上6条中3条以上的表现，那么他就离患上网瘾不远了。因此，应该特别地逐条预防。

3. 中学生上网成瘾的原因

通过对我国中学生"网瘾"调查，情感孤独是主要原因。

先看这两则"网瘾"故事：

故事1："电脑再修不好，我就打你了！"

与其他孩子相比，张铭飞的童年实在算不上幸福。从他记事开始，他不仅亲眼目睹了父母吵架的恶状，更要倾听父母在他耳边数落对方的种种不是。后来，他父母终于离婚，他跟妈妈一起生活，从小时候开始张铭飞的性格就非常内向。迷上网络游戏的时候，他读初三，功课已经很紧了。虽然他的功课一落千丈，但那段时间是他心情最快乐的日子。张铭飞的妈妈工作忙碌，自己也不知道怎么样才能解决自己儿子的问题，她请一位有经验的任女士帮自己。

有一天，张铭飞的电脑坏了，他自己也修不好。借着这个时机，他妈妈就请任女士到家里帮着修电脑。看着张铭飞坏了的电脑，任女士问："USB插口还能用吗?""能。""插口在哪儿?""后头。""我够不到后边，你能帮我把机箱搬下来吗?""行。"任女士对记者回忆说："这孩子的内向让我吃惊，我跟他说话，他的回答简洁得让人不可思议。"任女士没有修好电脑，当然她是故意的，她想让张铭飞离开电脑一段时间。没有电脑的日子，张铭飞拿着自己的一把木头剑到处乱戳，床单、衣服都被他戳了很多个窟窿。痛苦的他甚至举着木剑向妈妈咆哮："我受不了了，电脑再修不好，我就打你了!"张铭飞的妈妈和任女士组成了联盟，她们找各种借口不修好电脑。"刚开始说电脑是他姥爷出的钱，修也得让姥爷修，拖了一段时间。后来又找了个专家跟孩子说，电脑修好需要几千块钱，家里已经没有这么多钱给他修了。"张铭飞的妈妈说。就这样，三个月里，张铭飞暂时告别了电脑。

但这三个月太难熬了，无论对张铭飞还是家人。"孩子说没有电脑就要打我，我做妈妈的当然非常痛苦。但有什么办法?我总得先接纳他，即使他不去上学了，我也要平静接受。"张铭飞的妈妈争取的是跟孩子交流的机会。"有空的时候，我们会聊天，话题与游戏、上学都没有关系。如果他想聊就多聊会，不想聊就不聊。"她形容自己当时的状态是"外松内紧"，表面上把一切都不当回事。后来，张铭飞回校读书的时候，他从初二开始重读。说到张铭飞当初陷入网瘾的原因，任女士说与内向的性格有很大的关系。"这种性格是和他的单亲家庭有很大关系的。我认为，即使父母有矛盾，也不要在孩子面前过度公开化，更不要在孩子面前说对方的不是。否则，对孩子的负面影响太大了。”

故事2：“儿子上瘾，是我做错了吗?”

在非典肆虐的那段时间里，和很多北京的学生一样，刘洋经历了一段特殊的学习生活。上课、写作业都是在网络上完成的，也就是在那段时间，刘洋彻底被网络游戏俘虏了。刘洋的学习成绩一直不错，是老师和同学眼中绝对的优秀生。但当非典结束以后，重新回到校园，他好像换了一个人：说话少了，成绩下降了，整天泡在网上。后来，他发展到不再学习，开始旷课。刘洋的妈妈非常着急，她开始数落自己的孩子，催促他好好学习。没想到，以前很听话的孩子竟然顶撞自己，冲突越来越严重。她求助学校的老师，但没有任何效果。刘洋最后休学在家了。“我就想啊，这孩子肯定是精神出了问题，我开始找心理专家，找医院的医生，但效果不是很好，孩子根本不配合。”

刘洋的妈妈回忆起那段焦急无奈的日子，叹了口气。她开始到图书馆去借书，看到有关青少年青春期或者上网综合征之类的书籍，就大篇章地复印下来，回家认真阅读。“从怀孕期开始，我就开始阅读大量的培育孩子的书籍，十几年我都是按书上讲的做的，怎么就出问题了呢?”刘洋的妈妈当时百思不得其解。

这时候很多人说；“不要光想着刘洋不对，你做妈妈的就没有责任吗?”刘洋妈妈的第一反应就是：“我怎么会错呢?我关注孩子有什么错吗?”她承认，反思自己的过程确实很痛苦，但所谓“旁观者清”，周围很多人的劝说，让她开始重新审视自己对待孩子的方式和态度。于是，她对刘洋不再像以前那样关心了。“我开始做自己的事情，尽量表现出不太关注他。中午我不在家，也不催着他吃饭，让他自己弄点吃。他和我有冲突，即使只露出一点端倪，我就早早走开。我不再批评他，我知道他没有病，我让他自己把握自己。”2004年8月，在家待了近一年的刘洋重新踏进校园的大门。终于松了一口气的刘洋妈妈说：“只要孩子一有网瘾，很多家长就会惊慌失措，只知道单方面地催促、批评甚至责骂孩子。实际上，家长更应该注重自己的言行，如果你想要孩子脱离网瘾，你的态度是至关重要的。一定要好好地反思自己，尽管这个反思的过程非常痛苦。如果一个母亲都救不了孩子，还有谁能救他？”

从上述两个网瘾故事中，可以看出造成我们中学生上网成瘾有主客观两方面的原因。

（1）主观原因：面对虚拟世界缺乏自控力。

专家指出，中学生身心发育尚不成熟是导致易上网成瘾的主观原因。由于自控能力欠缺，中学生一旦上网往往容易被网上光怪陆离且层出不穷的新游戏、新技术和新信息“网住”，同时由于认知能力有限，面对网上新奇、刺激的信息极易受其诱惑。“这个年龄段的孩子自我意识强烈。在网络上人人平等，在匿名的保护下可以畅所欲言，不用担心受到什么审查，带来什么惩罚，而且观点越新、奇、特，可能得到的反响越大、回应越多。”网络成为了我们中学生心目中展现自我的最好平台。

（2）客观原因：生活中缺乏情感交流。

专家同时指出，中学生可能身处的不利环境是导致易上网成瘾的客观原因。目前网吧遍布大街小巷，尽管有关部门出台了一系列禁止未成年人进入网吧的条例，但在实践中对网吧尚缺乏有效的管理措施，网吧一定程度上成为中学生的乐土。家庭环境上，当前我国中学生多属独生子女，且城镇居民以楼房式独门独户的家居结构为主，这在某种程度上不利于身为独生子女的我们与同龄伙伴交流。在工作生活压力较大的今天，父母极有可能因忙于工作和生计而忽略了与子女的情感沟通。那么在现实生活中缺少情感交流的我们，便会在网络中寻找可归依的群体，迷恋于网上的互动生活。

4. **中学生上网成瘾的类型**

（1）色情成瘾：上网者迷恋网上的色情音乐、图片、影视、笑话、文学作品等。

（2）交际成瘾：行为者出于社会交往的需要，利用各种聊天软件、网站聊天室或交友网站与网友进行信息交流和情感沟通，甚至发生网恋、发表反动或愚昧言论、进行网络欺诈等错误、犯罪行为。

（3）信息超载成瘾：行为者出于获取信息的需要沉陷于网络信息不能自拔，无休止地收集和传播无关紧要的网上信息。

（4）游戏成瘾：行为者出于游戏娱乐的需要，过度痴迷于网络游戏，对其他事情不闻不问。

（5）视听成瘾：沉溺于网络音乐视听和影视阅览。

（6）技术成瘾：沉湎于下载和使用各种软件，追求网页制作的完美或以编制新程序为嗜好。

其中，中学生网瘾患者大多表现为交际成瘾、游戏成瘾、视听成瘾这三种类型。这也是我们自身心理、身体发展阶段所决定的。

5. **中学生上网成瘾的主要表现形式**

中学生网瘾综合征患者的最主要表现是：上网时精神兴奋，心潮澎湃，欲罢不能，时间失控。沉溺于网上聊天或网上互动游戏，并由此而忽视与社会的交往、与家人的沟通，甚至对上网形成越来越强烈的心理依赖，以致不能分离。

另外，我们还可以通过以下10条网瘾表现标准，来判断自己是否染上网瘾：

（1）每天起床后情绪低落、头昏眼花、疲乏无力、食欲不振，或神不守舍，而一旦上网便精神抖擞，百“病”全消。

（2）上网时表现得神思敏捷、口若悬河，并感到格外开心，一旦离开网络便语言迟钝、情绪低落、怅然若失。

（3）只有不断增加上网时间才能感到满足，从而使得上网时间失控，经常比预定时间长。

（4）无法控制去上网的冲动。

（5）每看到一个新网址就会心跳加快或心律不齐。

（6）只要长时间不上网操作就手痒难耐。有时刚刚离网就有又想上网的冲动。有时早晨一起床就有想上网的欲望，甚至夜间趁小便的空也想打开电脑。

（7）不能上网时便感到烦躁不安或情绪低落。

（8）平常有不由自主地敲击键盘的动作，或身体有颤抖的现象。

（9）对家人或亲友隐瞒迷恋因特网的程度。

（10）因迷恋因特网而面临失学、失业或失去朋友的危险。

如果有以上标准中 4 项或 4 项以上表现，且持续时间已经达 1 年以上，那么就表明你已经患上了 IAD——网瘾综合征。

总之，在教育环境中，在电子信息时代的大环境下，电脑和网络已成为我们青少年不可或缺的学习工具，但缺乏有效引导的我们更多的是把电脑和网络当成一种娱乐工具。我们的学习压力较大，心理压力也不小，一位普通的中学生坦陈：“学习上经常遭受挫折，又得不到家人、老师和同学的理解。为宣泄心中的苦闷，逃避不愿面对的现实，往往在网上寻求安慰、刺激和快乐。”

专家提醒，对于家长来说，最好是把电脑放在家中公开场所，不放在孩子房间，要规定孩子上网时间和内容，采取适当的奖惩措施。在对待网络依赖的问题上，家长要避免走入“妖魔化”网络的极端，要充分认识到互联网的好处，不仅要帮助孩子戒掉“网瘾”，还要激发孩子的潜能。有了正确的认识和引导，我们中学生中的网瘾患者一定能够摆脱“网瘾”，回归现实。

小结

1. “网瘾”是对网络长期的深度依赖。

2. 生活中缺乏情感交流是我们中学生“网瘾”产生的客观原因。

3. 在对待网络依赖的问题上，家长要避免走入“妖魔化”网络的极端。

相关链接

网瘾严重主因是心理问题

网瘾严重也是病

随着互联网的广泛使用和网络游戏、网络聊天等节目的不断开发，青少年沉迷网络形成瘾的问题日趋严重并引起了心理卫生界的广泛关注。在我国的一些心理卫生专业学术会议上，已有专家提出相关报告，然而到目前为止，医学界对网瘾还未作过较全面的流行病学调查，因此医学界对网瘾这一问题还没有形成一个明确的医学概念界定，无正式的诊断标准。作为青少年心理卫生研究资深专家，杨志伟博士认为与普通爱好上网有所不同，网瘾是一种心理问题，患网瘾者一般表现为对网络有明显依赖，不上网会感到十分难受，每天必须有相当长的时间泡在网上，获得了心理满足方能平息心情、获取快感。网瘾对当事人可造成日常生活、学习、人际关系等方面损害和影响，如果上网欲望被制止就会出现情绪波动、行为反抗。每个城市的青少年中也有一定的网络依赖人群，多数青少年在网瘾形成早期家长并未及时察觉，忽视了爱上网和有网瘾之间的区别，导致孩子网瘾暗自加重错过最佳治疗时机。网瘾和其他成瘾行为一样，要及早发现，及早进行医学干预。

网瘾患者有成就动机

对青少年网瘾患者的案例统计发现，染上网瘾的青少年大多并不笨，反而往往还很聪明，他们一般都具有较强的成就动机。很多染网瘾的青少年在现实生活中或多或少受到过一些诸如学习压力大、家庭环境差、家庭关系不和睦、父母对孩子态度不一致等挫折，心底充满挫折感。沉重的挫折感之下，这些孩子们极渴望某些方面有所成功、成就。当他们接触网络这个虚拟世界后，在网络游戏、网络聊天中发现网络不存在失败所带来的损害或者惩罚，他们设法从网络里获得安宁和成功感，醉心于此而忘却现实，在网络中获得自我证明。染上网瘾的青少年对网络的另外一个依赖则是网络聊天，他们在现实人际交往中常遇到过挫折，使其与人交往的心理需求不能被满足，于是在网络聊天中他们的需求得到满足、释放、发泄，并从网友处获得心理支持，在网络人际交往中获得交际成功感，并避免了现实人际交往中可能的失败风险和压力。他们一旦在网聊中获得精神慰藉，就易沉迷其中，久而久之形成心理依赖难以自制，即成网瘾。

不是限制上网这么简单

《2007 年中国青少年网瘾数据报告》中显示，中国上网成瘾者中约 19.6% 者为 13～17 岁人群，可见在青少年当中，染上网瘾的比例很大。专家分析认为，人在成长进入青少年阶段时，自我意识发展到很高的程度，有了自己的追求和想法，他们需要个人意志自由和独立，父母、老师这些以往的权威都被否决，他们更需要同龄人的认同。这时，家长以往施加给他们的控制、限制开始失效，当他们的意志 自由、人格独立等需求不被重视和尊重时，他们会发现这些需求恰恰在网络上能被满足，于是他们向网络靠拢。

（摘自青少年“网瘾”状况调查）

思考与讨论

结合青少年特定年龄阶段的身心特征，请你分析青少年学生是“网瘾”易感者的原因。

四、“网瘾”改变了我们什么

提示

1. “网瘾”威胁着我们的健康成长。
2. “网瘾”危害着家庭关系的和谐。
3. “网瘾”造成青少年网络犯罪现象加剧。

1. “网瘾”威胁着我们的健康成长

网络给我们的健康成长带来了帮助和精彩，而“网瘾”却只会威胁着我们的健康成长。这种威胁，主要表现在以下几个方面：

（1）“网瘾”使我们出现信仰危机。

信仰是指人们对某种理论、学说、主义的信服和尊崇，并把它奉为自己的行为准则和活动指南，它是一个人做什么和不做什么的根本准则和态度，是对人生观、价值观和世界观的选择和持有。然而，网瘾患者沉迷于虚幻的网络之中，对现实社会的逃避或缺乏认识，导致我们不可能树立正确的人生观、价值观和世界观，使我们在待人接物时缺乏应有的准则，一切立场、观点和思想都如混沌的网络世界一样混沌，从而出现了信仰危机。

（2）“网瘾”使我们身心健康遭受侵害。

“网瘾”使得患有该症状的中学生无论身体方面还是心理

方面的健康都遭受到了极大的侵害。在身体方面，网瘾综合征的中学生患者由于上网时间过长，大脑神经中枢持续处于高度兴奋状态，会引起肾上腺素水平异常增高，交感神经过度兴奋，血压升高，植物神经功能紊乱。此外，还会诱发心血管疾病、胃肠神经官能症、紧张性头痛等病症。在心理方面，网瘾综合征的中学生患者由于受到网络中，尤其是形形色色的网络文学中那些矫情、伪饰、谐谑、怪异等情绪的影响，造成一些不必要的心理波动，并给心理著上了消极、悲观的色调。

(3)“网瘾”导致我们学业荒废。

“网瘾”最突出的表现是长时间、无节制的上网，上网成瘾的中学生对网络一味地依赖、痴迷、沉醉而不忍放弃，必将影响自己在学习时间和精力上的投入，从而对学习产生厌倦。他们“不愿意学习”、“懒于学习”，逐渐地荒废了自己的学业。

(4)“网瘾”造成我们的自我沉湎。

自我沉湎指的是沉湎于自我设计的虚幻之中，久久不能脱离。这里说的自我设计的虚幻指的是网络呈现的虚幻。众所周知，网络呈现的事物既是虚幻的又是没有生命的，这就导致了网络在人的大脑中所呈现出来的映像也是虚幻的，这虚幻的映像又充满了很多诱惑。但是，我们中的不少人由于自制力的缺乏，对这种虚幻的诱惑抗拒不住，并在这虚幻之中自信能够得到自我展示、自我依赖和自我认同，从而沉迷于网络之中，沉迷于一种自我假象的世界之中，不善与人交往、懒得与人沟通，一味地自我满足、自我陶醉，对网络和自我所构建的虚幻深深眷恋，久久不忍割舍。这是一种弥漫着惰性、缺失主观能动性的突出表现。

(5)“网瘾”造成我们的自我放纵。

一般情况下，惰性和放纵是阻碍人健康成长和顺利前进的两只“拦路虎”，而自我放纵又表现为一种待人接物的无节制，说话、做事没有分寸感，严重地失度。自我放纵的节制能力和一个人的年龄和自我修养有关，而“网瘾”所造成的自我放纵，主要表现在上网的时间和程度上毫无自我约束和自我限制。“网瘾”患者往往把上网当成生活的头等大事，处心积虑、想方设法地多上网。在上网过程中对网络内容缺乏必要的选择，一味地、不加分辨地把网络中的信息和内容进行接纳和吸收。更有甚者，沉醉于一些网络低级趣味的刺激，不愿放弃对这些有害于自己健康成长信息的搜索和追逐。这是一种缺乏基本的是非判断能力、自制力低下的突出表现。

（6）“网瘾”造成我们的自我迷失。

这里所说的自我迷失包括两层意思：自我共性的迷失和自我个性的迷失，或者说“人”的迷失和“我”的迷失。自我迷失是“网瘾”给我们危害的最高层次，是患有网瘾的中学生在满足自己网瘾的同时，对于“人”和“我”的忘却。在本书的第二章，我们已经通过“人心”与“机芯”、“人性”与“机性”的区别分析，从网络给人类社会带来冲击的角度，对自我迷失给人类造成的危害作了细致入微的分析。我们中学生因“网瘾”造成的自我迷失的后果也是如此：在长时间的、漫无目的和漫无节制的沉迷网络过程中，“网瘾”确实得到了相当程度上的释放和缓解，但是，“人心”、“人脑”、“人性”也逐渐地被“机芯”、“电脑”、“机性”所替代。作为人的主体意识和主体共性被逐渐弱化，作为自我的独特个性和独特人格逐渐变得模糊，并逐渐忘记了“人是什么”、“我是谁”等基本问题的答案，这是一种对人的主体性的全面否定和对人性尊严的严重亵渎和嘲讽。

可以说，“网瘾”极有可能使我们被电脑这一工具“物化”或“奴化”，并形成我们人生的最大悲剧。

2.“网瘾”影响着学校教育的展开

学校是我们学习成才的场所，学校教育的开展力度和效果很大程度决定了我们知识的获取和能力的提高，让我们一生都受益匪浅。然而，“网瘾”却严重地阻碍着学校教育的顺利开展，给学校教育带来巨大的负面影响。这种影响主要表现在以下三个方面：

（1）“网瘾”致使正常教学秩序遭受冲击。

正常教学秩序是学校教育教学活动正常、有序开展的保证，而一些患有“网瘾”的中学生，无视校纪校规，把老师的教导当成“耳边风”，为了满足自己的“网瘾”，有的经常迟到、早退，甚至无故旷课；有的在自己每一个宝贵的课堂45分钟，把一本网络小说放在课本下作掩饰，看得爱不释手。

（2）“网瘾”导致“素质教育”举步维艰。

“素质教育”是当前学校教育的主要模式和整体趋势，它讲究促成受教育者（如我们中学生）全面发展和个性塑造；注重的是人本思想和人文精神在教育过程中的实施，它是对应试教育的否定；它倾向于较为轻松的教育教学氛围。在“素质教育”大环境下，我们中学生中上网成瘾的一小部分，一方面以“追求轻松教育教学氛围”为借口，以“利用网络学习”为幌子，在网络中越陷越深；另一方面在漫无目的的网聊、网游中，仅仅培养了自己上网的“素质”，而忽视了自己全面素质的提高，严重地阻碍了“素质教育”的深入。

（3）“网瘾”使学校教育教学成效甚微。

不可否认，网络技术在学校现代教育教学实施过程中，起到了非常重要的作用，但是通过网络技术来进行思想品德教育和科学文化教育，只是一种模式。网络只是我们重要的学习生活工具，不是唯一的学习生活工具。尤其是对于网瘾者而言，使用单一的网络工具进行学习，而忽视通过其他的学习工具进行学习，既养成了不愿动手、动口、动脑从实践中学习知识的习惯，又淡化了学校教育教学中能力目标的实现。

3.“网瘾”危害着家庭关系的和谐

家庭是我们身心成长的港湾。家庭关系的和谐，对于我们的健康成长将带来积极的影响。而“网瘾”却危害着这种和谐，使家庭教育问题，尤其是日益严峻的独生子女教育问题遭受到了前所未有的挑战。这种挑战主要表现在以下三个方面：

（1）“网瘾”造成中华传统家庭美德迷失。

上网成瘾者对网络表现出深度沉迷和依赖，他们往往将自己一切情感和全部情绪都投放在网络之中，而忽视了现实生活中必然存在的家庭关系。在网瘾者的眼中和心中，网络就是唯一，除此之外，甚至父母亲戚都不存在。在这种“目中无人”的境况中，“我”是家庭的中心，网络是“我”的中心，“我”已经成为了家庭的局外人，中华民族传承了数千年的家庭美德（如孝敬父母、父慈子孝等）也就逐渐迷失，融洽和谐的家庭气氛也就没有了。

（2）“网瘾”造成家庭教育逐渐被网络“教育”所替代。

家庭教育是我们中学生教育的重要一环，父母的言传身教对我们一直起着潜移默化的作用。家庭是人生的“第一课堂”，家庭的感染与熏陶对我们的健康成长意义重大。然而，上网成瘾的中学生都把网络当成自己的“第一课堂”，经常不让父母知道偷着通宵上网，经常埋怨父母唠叨，始终把上网当成人生的第一乐趣。很多时候，他们对网络事物的认同、模仿、追逐与崇拜，远胜于对父母的认可。

（3）“网瘾”使独生子女家庭教育问题面临挑战。

在当前的形势下，独生子女的教育问题本来就是家庭教育的焦点和难点问题，而网瘾患者的年轻化则使独生子女的教育面临着新的挑战。上文所述，情感孤独是“网瘾”产生的主要原因，而情感孤独本来就是独生子女的“先天缺陷”。因此，身为独生子女的我们成为了网瘾综合征的多发人群。加上独生子女在青少年阶段多有叛逆心理，所以，给他们“网瘾”

的根治带来很多问题，也使独生子女家庭教育困难重重。

4. “网瘾”危害着社会秩序的稳定

良好的、稳定的社会秩序，既有利于社会整体的进步，又有利于社会个体的发展。而逐渐成为一种普遍社会现象的“网瘾”却给社会秩序的稳定带来严重的危害，这种危害主要表现在以下 4 个方面：

（1）“网瘾”使“自我中心论”有了泛滥的社会土壤。

患有“网瘾”的人，既是自制力薄弱的人，又是自我意识强的人，只是他们在对网络的过度依赖和痴迷中，自我意识慢慢地被网络同化了而已。一般说来，自我意识强的人，很有一种“唯我独尊”的感觉，容易滋生出“自我中心论”。“自我中心论”就是认为自我是社会的中心、世界的中心，社会中的所有人、世界上的所有事物都应该为自我服务。它一般表现为一种高傲和自负，讲究个人利益高于一切，不懂得乐于助人和互助友爱。而以自我沉湎、自我放纵为特征的“网瘾”，恰恰为“自我中心论”提供了生长，乃至泛滥的土壤，使得社会群体意识缺乏和社会群体力量削弱，严重地危害了社会秩序的稳定。

（2）“网瘾”使极端“个人主义”、极端“自由主义”在社会中蔓延。

“个人主义”是“自我中心论”最主要的表现形式，极端的“个人主义”是对集体主义从根本上的否定。在现实生活中，我们一些患有“网瘾”的中学生，为了满足自己的“瘾”、为了达到个人的某种目的而不择手段，这就是极端“个人主义”的表现。“自由主义”崇尚自由，极端“自由主义”讲究的是绝对的自由。在现实生活中，自由只是相对的，没有绝对的自由。不少中学生网瘾患者和其他网瘾患者一样，从虚拟的相对“自由散漫”的网络中，感受到了比现实中多得多的“自由”。一方面沉湎于这种“自由”的享受之中，另一方面，不切实际地渴望在现实社会中也能得到同样的“自由”。这样，极端“个人主义”和极端“自由主义”就在现实社会中蔓延开来，严重地危害着社会秩序的稳定。

(3)“网瘾”造成社会群体精神支柱的缺失。

所谓精神支柱是民族凝聚力的重要支撑，是综合国力的重要组成部分，是国家发展和民族进步的标志。对于每一个人而言，只有有了精神支柱，才会有人生前进的方向和动力。网瘾患者对网络的依赖和痴迷，是一种人生状态的低迷和静止，否定了人的不断充实和进步，也回绝了来自现实社会中所有精神支柱所产生的种种人生动力。网瘾患者一方面对于现实社会存在不满，一方面不愿投身于现实社会的实践和改造，成天以网络为伴，成天沉迷网络之中，却由于精神支柱的缺失，经常陷于无尽的迷惘与困顿之中。没有了精神支柱的社会群体的存在，没有了前进方向和动力的社会群体的增多，对社会秩序的稳定产生了严重的危害。

(4)“网瘾”造成青少年网络犯罪现象加剧。

网瘾患者成天沉迷于网络，依赖着网络，痴迷着网络，因此比常人受网络的影响更深。由于强大的包容性，网络中不仅有真善美，也有假恶丑。网络不仅传播良好的社会信息，也传播不良的社会信息，如网络黄色信息、网络暴力信息等。这些都深度影响着网瘾患者，尤其对于我们这些身心发育尚不成熟的中学生网瘾患者的负面影响更大。中学生网瘾患者在不良网络信息的驱使下走上违法犯罪歧途的案例并不鲜见。近年来，青少年网络犯罪现象加剧与青少年学生网瘾感染者人数猛增有着直接的关系，而且这种现象的加剧造成社会不安定因素增加，也严重地威胁着社会的和谐与稳定。

5.“网瘾”中学生的心理救助方法初探

(1) 网络是信息化社会的一个基本载体，作为现代知识产品，人们只有认真把握其规律，充分利用其使用价值，才能为我所用，促进人们的生活快速发展。完全拒绝网络，无疑是一种社会知识资源的浪费。所以，我们中学生，必须借助网络，了解网络，正确地利用网络以充实学习内容和提高学习效果。

(2) 网络吸引我们只是一个外因，我们的行为变化更重要的是自身的因素（内因）。因此，完全可能通过改变我们自身的因素，达到行为转化的目的。

(3) 我们中学生是具有很强可塑性的，这种可塑性就决定了我们自身变化的因素。只要不断促使这些变化因素的积极变化，从我们对网络的重新认识出发，达到行为转化的目的，就能够完成对“网瘾”心理的救助。

(4) 对于我们中学生“网瘾”心理的救助，需要的方法是“疏”而不是“堵”。“网瘾”心理也像人的其他心理一样有一个较为长期的生成过程，当它一旦生成就会有相当的稳定性，所谓“冰冻三尺非一日之寒”，因此，“网瘾”的救助过程也将是一个相对漫长的过程，绝不能急于求成。这就要求家长和老师倾注更多的耐心对我们中学生中的“网瘾”患者循循善诱，晓之以理，动之以情。

(5) 对于中学生“网瘾”患者的心理救治还需要社会各方面积极努力，比如为我们中学生多提供一些有益身心健康的课余活动场所，丰富我们的业余生活；充分发挥网络的积极作用，利用网络建立电子图书馆、电子博物馆等设施，让我们在网络中真正受益，等等。

小结

1. “网瘾”使我们出现信仰危机。

2. “网瘾”导致“素质教育”举步维艰。

3. 通过改变我们自身的因素，达到行为转化目的能救治中学生的“网瘾”。

相关链接

专家称“网瘾”对青少年戕害不亚于鸦片

“我国青少年对网络已经成瘾的有1000万人，接近成瘾的也有1000万人。这个数字目前仍在增加。”陶然举出了共青团中国青少年网络协会的一项调查数据，说明网瘾之严重。

“青少年一旦染上‘网瘾’，就很难根治，关键是要预防！”昨日，中国青少年心理成长基地主任、北京军区总医院副主任医师陶然在汉指出，“网瘾”对青少年的戕害，不亚于鸦片。

陶然应邀来汉参加科协年会，在武汉大学做了《青少年游戏与网络成瘾的预防策略》报告，公布了他率队对641例网络成瘾青少年的临床心理分析，会后接受了记者采访。

信号：“网瘾”成为青少年头号“瘾症”

“我国青少年对网络已经成瘾的有1000万人，接近成瘾的也有1000万人。这个数字目前仍在增加。”陶然举出了共青团中国青少年网络协会的一项调查数据，说明“网瘾”之严重。

陶然说，在中国青少年中，各类成瘾行为按严重度从重到轻排列依次是：网络、烟酒、赌博、毒品，而在美国青少年中，依次为：毒品、烟酒、性、网络。可以看出，“网瘾”对青少年的影响，在我国要甚于美国。“网瘾”成为我国青少年头号“瘾症”。

案例：一男生竟然带“尿不湿”打网游

陶然举例说，有3个对网络成瘾的学生，曾在家人带领下找到他治疗，接受了两三个月的矫正治疗。这三个学生的行为令人吃惊。

来自浙江的一名16岁高中男生沉迷网络游戏，因打游戏经常是“团队对抗”，他不想因上厕所而耽误时间，竟带着

“尿不湿”上网吧。另外一名17岁的高中男生，父母忙于做生意，他带着1.8万元钱、穿着羽绒服住进网吧，出来时已经是春天，70多公斤的体重瘦得只有四五十公斤。这名网瘾学生不告诉家人他在哪里，只是给家长发短信：“不要担心，我很安全。”另外一名女生，在网上举行过68次“网婚”（在网络上举行虚拟婚礼），到北京找陶然治疗住院时，还有网上“老公”给她寄来礼物。

陶然说，这些患“网瘾”的学生不少是“上知天文，下知地理，惟独不通人情”，情商相对较差。老师、家长教育他时，他先和你讨论网络上的知识，“说不过我，就别教训我”。

提醒：五大特征判断是否有“网瘾”

到底什么样的情况，才算网络成瘾呢？

陶然介绍，以下五种特征若持续出现3个月以上，就可称做网络成瘾：有心理依赖；耐受性增强，要不断增加上网时间才能达到同样的满足程度，也就是瘾头越来越大；有戒断反应，被迫有一段时间不上网（从几小时到几天不等），会出现无所适从；有生理反应，饮食发生变化，身体出现疾病或其他不适状况；社会功能受损（该上学的不想上学，该工作的不想工作）。

与会专家提醒，“网瘾”较难根治，关键在于预防。等到发现孩子染上“网瘾”，再想扭转就比较难了。家长发现孩子有以上五类成瘾的苗头，就要及时与孩子交流，分散孩子对网络的注意力，培养孩子新的兴趣，比如体育、艺术等，教会他们与人沟通的技巧，培养他们积极乐观、自尊自信的成熟品质。

（摘自2007年9月10日《楚天都市报》）

思考与讨论

为什么说“网瘾”如同毒品一样戕害着青少年的身心？请你和同学们交流自己的体会。

五、根治“网瘾”的三剂良方

提示

1. 根治“网瘾”需要坚定信念。
2. 根治“网瘾”需要健康心理。
3. 根治“网瘾”需要乐观心态。
4. 远离“网瘾”的人生才是美好人生。

“解铃还需系铃人”，“网瘾”的最终根治，还需从我们的自身出发，尤其是要从形成坚定信念、完善健康心理及保持乐观心态三个方面出发，才能达到保持自我本色的效果。

1. 根治“网瘾”需要坚定信念

信念是人们在一定的认识基础上确立的对某种理论主张或思想见解及理想坚信不疑并身体力行的状态。它是由认识、情感和意志相融合构成，它包含着认识、渗透着情感，更渗透着意志的力量。信念最重要的两个特征是：稳定性和执着性，表现出理智的坚信不疑、情感的强烈支持、心智的全神贯注和情绪的高度热情。由此可见，一个人的坚定信念可以为他克服和战胜自己人生道路上的一切艰难困苦提供一种强烈而持久的精神力量。

无数实践证明，我们中学生在根治“网瘾”过程中，信念起到了无可替代的作用。一般情况下，要根治“网瘾”，需要从下述四个方面坚定信念。

(1) 坚定信念，抵制错误。

信念是追求崇高理想的有力支撑，对于人生的成功十分关键。每个人都会有自己不同的信念，共产主义信念不仅是每个共产党员的终生信仰，也应是我们中学生的信仰。因为我国社会主义建设的最终目标就是要实现共产主义，这也是人类社会发展的必然趋势。作为当代中学生的我们，应当与时代保持一致，抵制错误思想的侵袭，坚定共产主义的信念，为实现社会的共同目标而努力奋斗。

(2) 认真负责，正视艰辛。

一个人要成就伟大的事业，创造出辉煌的业绩，最基本的要求便是认真负责、不懈努力、精益求精。在人的一生中，会有许多艰难和困苦，面对艰辛，面对逆境，我们别无选择，只有正视，只有迎头而上。但丁在《神曲》中说："我们必须根绝一切犹豫，这里任何怯懦都将无济于事。"逆境对人是不利的，但能给人增加无穷的动力。人经过磨炼之后能变得更加坚强成熟，正所谓"草不经霜雪，则主意不固；人不经忧患，则德慧不成"。

(3) 乐观自信，豁达大度。

我们青少年学生风华正茂，朝气蓬勃，应是"乐天派"，对自己充满信心，对未来充满希望；坚信自己是有力量的，是能克服困难、战胜困难的；为人处世豁达大度。"天行健，君子以自强不息；地势坤，君子以厚德载物。"作为青少年学生的我们，还需要对自己心理有良好自控力，对现实环境有良好适应性，与周围的人相处有良好相融性，做到喜不过喜、悲不过悲，宠辱不惊、誉毁一笑。

(4) 情系人民，报效祖国。

只有人民存在，民族存在，祖国存在，我们的生活才能存在，我们自身发展才有可能。我们应该深深牢记是人民养育着我们，时时情系广大人民群众，以积极的心态投入学习、生活、工作和人际交往中去，学会认同，学会宽容，在一个融洽、团结的环境中，为祖国繁荣富强奉献青春热血。

总之，坚定的信念是我们根治“网瘾”的有效措施和办法。我们上述各方面坚定信念的形成，可以使我们懂得适时适度地合理利用网络，并从对网络过度依赖、过度沉溺、过度痴迷的有力克服过程中，不断抵御网络带来的种种诱惑，从而彻底根除“网瘾”。

2. 根治“网瘾”需要健康心理

我们中学生是社会中的特殊群体，心理健康标准既有一定的普遍性，又带有青少年自身的特殊性。而“网瘾综合征”究其根源是一种严重的心理疾病，因此，我们就应该从自身心理入手，以中学生心理健康标准诸要素为指标，达到根治“网瘾”的效果。

根据我国学者的研究，中学生心理健康标准主要体现在以下七个方面：

（1）具有较强的求知欲和学习兴趣。

接受学校教育，是青少年的成长条件。心理健康的中学生，比较珍惜这样的学习机会，有较强的求知欲望和成就动机；对学习感兴趣，能从学习中获得价值感和满足感；乐于并善于克服学习困难，学习效率高，学习成绩稳定。如果个体长期缺乏学习动力，感受不到学习的兴趣和意义，或学习效率明显下降，就应考虑自己的心理健康问题。

（2）保持良好的自我意识。

正确的自我意识是心理健康的核心内容。特殊的社会角色和日益加强的认知能力，使得我们中学生较为关注自我。心理健康的学生，能形成正确的自我意识，全面地认识自己，客观地评价自己，欣然地接受自己，真实地展示自己，积极地改造自己，在与他人的比较和社会的期待中保持自尊、自信的心态。既不因缺点和不足而自卑退缩、丧失机会，也不因优势和长处而自命不凡、裹足不前。

（3）有效调控情绪，心境良好。

情绪是否良好是心理是否健康的晴雨表。处于青少年时期的我们，情感日渐丰富，情绪更富于变化。心理健康的青少年学生，并不是没有消极的情绪，而是善于正确感知、适度表达和有效调整自己的情绪变化，做到喜怒有常、哀乐有节，积极情绪多于消极情绪，能保持愉快、满足、平和的心境，对生活充满希望，对未来充满信心。

（4）乐于交往，人际关系和谐。

人际关系是否良好是心理是否健康的重要表现。群体的心理特点和独特的生活环境，使得我们都盼望交往、渴望友谊。心理健康的青少年学生乐于与他人交往，能以友好、真诚、尊重、宽容的态度对待他人；在交往中能保持自己人格的独立性，刚柔有节，拒纳有度；掌握人际交往的基本方法和技巧，善于与他人沟通与交流；既有广泛的交往对象，又有知心的朋友，人际关系和谐而有层次。

（5）人格完整统一。

人格是个体在社会生活中呈现出的整体的或综合的状态与方式，既包括外在的行为及其表现，也包括内在的心理状态和精神面貌。心理健康的青少年学生健全人格的主要表现是：人格各要素都不存在明显的缺陷或偏差；以世界观为核心，能将需要、动机、态度、智能、意志、情感等相对独立的人格要素有机整合，相互协调；所思、所言、所行基本一致，不存在明显的知行脱节、表里不一、前后相悖的状况；对自己的言行负责，不推卸责任。

（6）良好的环境适应能力。

环境适应能力指个体协调与环境关系的能力。不能有效地处理与现实环境的关系是导致心理障碍的主要因素。良好的环境适应能力意味着个体能与社会保持动态的平衡，随着环境的变化及时调整和改变自己，以适应时代发展和环境要求；能以积极的心态和合理的方式接受环境变化、应对困难挫折，不逃避现实，不怨天尤人；能积极挖掘和充分利用环境所提供的机遇和条件，发展自己的综合素质；不满足于环境所提供的条件，不被环境中的消极因素同化，能根据自己的理想和奋斗目标改造环境，变不利为有利。

（7）心理行为符合年龄特征。

个体在其生命发展的不同年龄阶段，都有相应的认识、情感、意志、言行等心理行为表现，呈现出独特的心理年龄特征。心理健康的我们应该朝气蓬勃、才思敏捷、勤学好问、精力充沛、勇于创新。缺乏独立性、自觉性、自制力，对他人过于依赖等幼稚心理；因循守旧、四平八稳、世故圆滑等老成心态，都是心理不健康的具体表现。

由此可见，我们要有健康的心理，不仅需要客观环境对我们健康成长的有利影响，而且需要我们为自身心理健康而不懈努力。中学生“网瘾综合征”，作为一种极易感染上的心理病，是对我们心理健康的最大威胁。所以，我们只有以心理健康标准为目标不断地进行自我调整、自我改进、自我完善，才能彻底根除“网瘾”。

3. 根治“网瘾”需要乐观心态

（1）乐观心态的深刻内涵。

有这样一个《农夫和驴子》的寓言故事：

一天，一个农民的驴子掉到了枯井里。那可怜的驴子在井里凄惨地叫了好几个钟头，农民在井口急得团团转，就是没办法把它救起来。最后，他断然认定：驴子已经老了，这口枯井也该填起来了，不值得花这么大的精力去救驴子。农民把所有的邻居都请来帮他填井。大家抓起铁锹，开始往井里填土。驴子很快就意识到发生了什么事，起初，它只是在井里恐慌地大声哭叫。不一会儿，令大家都很不解的是，它居然安静下来。几锹土过后，农民终于忍不住朝井下看，眼前的情景让他惊呆了。每一铲砸到驴子背上的土，它都作了出人意料的处理：迅速地抖落下来，然后狠狠地用脚踩紧。就这样，没过多久，驴子竟把自己升到了井口。它纵身跳了出来，快步跑开了。在场的每一个人都惊诧不已。

其实，人的生活也是如此。各种各样的困难和挫折，会如尘土一般落到人头上，要想从这苦难的枯井里脱身逃出来，走向人生的成功与辉煌，办法只有一个，那就是：将它们统统都抖落在地，重重地踩在脚下。因为，生活中遇到的每一个困难，每一次失败，其实都是人生历程中的一块垫脚石。换言之，在学习上遇到的每一个困难都是人能力提高的基础，学习过程中的一块垫脚石。只要保持积极心态，任何挫折对于每个人来说都只是一种难得的新体验。

这个故事告诉我们，无论在任何时候、任何情况下，都应该保持一种积极乐观向上的心态，这样我们的生活就会永远充满希望。

那么，究竟什么是乐观的心态呢？

总体说来，乐观的心态是一种健康的心理状态，这种心理状态是积极的而非消极的，是主动的而非被动的，是进取的而非退缩的。

具有乐观心态的人常常表现为：

遇事会往好处想，并尽量往好的地方（方面）推动。

会开开心心面对困难，以放松的心情面对压力。

容易调适心情，不沉浸在阴暗思绪中。

另外，乐观的心态还可以转化为精神的毅力和勇气。

(2) 保持乐观心态的必要性。

保持乐观心态的必要性主要包括三个方面：

要战胜人生路上的困难与挫折，我们必须保持乐观心态。

要应对社会发展带来的消极影响，我们就必须保持乐观心态。

中学生特定年龄的身心发展特点，决定了我们更应该保持乐观心态。

（3）保持乐观心态对根治“网瘾”的意义。

只有保持乐观心态，才能发挥自我的积极性和能动性，避免自己对网络的过度依赖，从而达到根治“网瘾”的效果。

只有保持乐观心态，才能进行丰富多彩的社会学习生活，避免自己对网络的过度沉溺，从而达到根治“网瘾”的效果。

只有保持乐观心态，才能真正体味人生的精彩和乐趣，避免自己对网络的过度痴迷，从而达到根治“网瘾”的效果。

（4）保持乐观心态应处理好的三种关系。

在中学生通过保持乐观心态根治“网瘾”的过程中，我们还必须正确处理好下面三种关系。

①正确处理理想与现实的关系。

理想以现实为基础，又高于现实；理想是完美的，现实总是有缺陷的。理想与现实的这种差别，往往引起二者的对立和冲突。正确认识理想与现实的辩证关系，有助于我们消除在理想问题上产生的困惑和疑虑，使我们能以正确的态度为实现理想而奋斗。

理想来源于现实，根植于现实，因而受现实的制约。理想的实现过程，是创造理想能够成为现实的条件的过程。理想越是高远，创造实现理想的条件的工作越是艰巨和复杂，因而实现理想所需要的时间就越长。理想受制于现实的特点，要求我们广大中学生用求真务实的态度，脚踏实地开辟实现理想之路，以实事求是的精神，为实现理想而奋斗。

理想可以转化为现实，理想以概括现实中一切有生命力的有发展前途的东西为基础，反映了现实的发展趋势，使人们对未来美好生活的向往和追求，具有转化为现实的可能，因此，理想与现实具有同一性，而这种同一性是建立在实践基础上的。人们以理想为目标，从事实践活动，在改造客观世界的同时，改造着主观世界，在为实现理想的目标创造着客观条件的同时，也创造着主观条件。任何美好的理想，在实现的条件不完备时，尚不能变成现实；而一旦条件具备，理想就最终实现。因此，实现理想的过程，就是对理想与现实相统一的度的创造和把握的过程。今天的现实，是昨天理想的实现；明天的现实，是今天的理想的实现。一部人类的历史，就是在实践的基础上不断追求理想、不断实现理想的历史。理想与现实的矛盾，是人的生活中最基本、最深刻的矛盾，解决这一矛盾的实践活动，就成了人的存在方式，追求理想、实现理想，就成为人生最根本的幸福。

②正确处理成功与失败的关系。

在竞争中优胜劣汰是一般规律，失败是成功之母，成功来自于失败和继续的努力之中。我们都应该明白，在每个人的一生中，正如我们不可能时时处处都得意一样，也不可能一辈子都在失意中度过。人生的精彩和它的魅力，就在于它到处充满着困苦和艰辛，我们又能通过自己的才能和智慧克服这些困苦和艰辛。人生道路曲折而漫长，胜利与失败就像一对孪生兄弟一样经常同时存在。“海到天边天作岸；山登绝顶我为峰”的豪情固然美好，值得人流连；“置之死地而后生”，“山穷水尽疑无路，柳暗花明又一村”的境界又何尝不是另一派风景呢！因此，竞争中应做到胜不骄、败不馁，不以一次的成败论英雄，始终保持旺盛的学习精神和自强不息的精神状态。

③正确处理乐观与悲观的关系。

乐观态度或悲观态度，影响着我们的生活方式。态度对人的影响到底有多大？美国医生做过这样一个实验：他们让患者服用安慰剂。安慰剂呈粉状，是用水和糖加上某种颜料配制的。当患者相信药力，就是说，他们对安慰剂的效力持乐观态度时，治疗效果就显著。如果医生自己也确信这个处方，疗效就更为显著了。这一点已用实验得到证实。医生们坚信自己的治疗质量，虽然为患者开了一付无效的药方，但结果却是：服用安慰剂以后，几乎90%的患者感到病情大大减轻，有人甚至痊愈。乐观作用，实际上是暗示作用。

悲观态度，由精神引起而又会影响到组织器官。有一个意外的事故可以证明这一点。一位铁路工人，意外地被锁在一个冷冻车厢里。这位工人清楚地意识到：他是在冷冻车厢里，如果出不去，就会冻死。不到20小时，冷冻车厢打开了，那位工人死了。医生证实是冻死的。可是仔细检查了车厢，冷气开关并没有打开。那位工人确实死了，因为他确信，在冷冻的情况下是不能活命的。所以，在极端的情况下，一个极度悲观的人会导致死亡。

乐观和悲观，是人类典型的、也是最根本的两种倾向。人类意识到，他面临的是一个前途未卜的未来。因为对未来缺乏了解，所以对它的希望，不是乐观的，就是悲观的。

④相信明天会更好。

我们青少年学生的人生才刚刚起步，必须要珍惜人生的点点滴滴，抓住这大好的时光，不懈努力奋斗。“雄关漫道真如铁，而今迈步从头越”，“千里之行，始于足下”，只有做好自己、做好现在、做好小事，拒绝网络诱惑、拒绝网络沉迷、彻底根治“网瘾”，才会可能拥有美好的人生。我们中学生应充满自信，在憧憬未来的同时，坚信明天会更好。

4. 远离“网瘾”危害，享受真实人生

（1）“丰富”是人生的内容。

人生处处在：它是一局棋，有进有退，有赢有输；它是一幅画，山山水水，起伏跌宕；它是一壶酒，醇厚而弥坚；它是一杯茶，香郁而收敛；它是一叶逆流而上的孤舟，停下就会后退，前进必要付出辛劳。人生时时有：不管它是酸、甜、苦、辣，还是咸，只要活着就是书写人生，无论做什么事都是创造人生。人生经常会美中不足，就如同精致的瓷器也有瑕疵一样，它也有很多不尽如人意的地方。

（2）“多彩”是人生的形式。

人生的多彩告诉我们：生命的意义在于体验。人生无常，生命只是一个过程。人生怎样度过？一个人生活得幸福与否，从来就没有一个亘古不变的标准，在更多的情况下，幸福与否无非是一个人现实生活的体验和感受。所以说，体验越深刻，生命就越畅达、越完美。

人生的多彩告诉我们：生命的境界在于过程，而不是目的。人生的赛跑，最重要是看一个人在生命的有限和无限之间跑了多少路程。就生命本质而言，积极进取、奋发有为是一种高尚的境界。譬如圣人孔子为“礼”、“乐”奔走列国，屈原独醒而著《离骚》，这种境界是美丽的。陶渊明的“采菊东篱下，悠悠见南山”、王维的“深林人不知，明月来相照”的舒悦怡然，也不失为另一种可取的生命境界。

人生的多彩告诉我们：走好人生，最需要的是调整心态。对生命的认知，人们各有各的理由，对人生满足感的产生，并非都来自生活给他的提供，更多的是他在生活中感受到了什么。坐拥金银，不朽与荣耀，都是人们的梦想，而希望越大，失望也越大。“苔痕上阶绿，草色入帘轻”，选择淡淡如水的岁月，在平凡人生中创造人生的亮点，也不失为美丽。

（3）根治了“网瘾”的人生才是美好人生。

深陷网络的人们已与人生的“丰富”和“多彩”渐行渐远，特别是“网瘾”对人们尤其是我们中学生的危害，已经到了极其严重的程度。在这严峻的形势下，坚定信念、健康心理和保持乐观心态对中学生“网瘾”的预防与治疗已显得尤为重要。

中学生“网瘾”产生的原因深刻、表现的形式多样，给我们身心健康成长带来了不利的限制与障碍。我们“网瘾”

的根治与消除同样是一个复杂而艰巨的庞大工程，而我们对网络的正确认识和合理利用、对网络沉迷的削弱、对营业性网吧的远离以及对“网瘾”严重危害的认识等，成为了这一庞大工程的重点与关键。根治“网瘾”的首要任务，就是要对上述各方面的重要性和实施办法形成共识并付诸实践，对症下药，这样才能提高根治“网瘾”的效率，达到根治“网瘾”的目的。

许多人生的实践经验告诉我们，只有根治了“网瘾”、根治了心理疾病，保持健康心理的人生才可能成为美好人生。也只有拥有如此美好的人生，才可能永葆生机与活力，充满无限的信心与希望。

（4）保持了“本色”的人生才是快乐人生。

①保持自我本色就是不要盲从。

在这个世界上每个人都是独一无二的，你就是你。你无须按照别人的眼光和标准来评判甚至约束自己，你无须总是效仿别人。保持自我的本色，做一个真正的自己，这才是最重要的。其实，每个人的生活都是由自己塑造的，如果我们能学会接受自己，看清自己的长处，明白自己的短处，便一定能踏稳脚步，达到目标。我们要学会培养一种健全的心态，并让它带来平安、快乐与自由。保持自我本色，就不能盲目效仿。

②保持自我本色就是“做好你自己”。

在这个社会中每个人的人生，都是属于你自己的。无论它快乐与否，不管它是否幸福，都是你的，谁也拿不走、抢不走。因此，我们都应该在尽可能“认识你自己”的前提下，“做好你自己”；我们也必须明白不管人生长度、密度如何，不管人生快乐、幸福与否，只有“做好你自己”，才能保持你的自我本色。

③保持自我本色需要努力根除“网瘾”。

“网瘾”危害无穷，它可以造成我们的自我沉湎、自我放纵和自我迷失。自我都迷失了，自我本色更无从谈起。因此，我们要保持自我本色就必须彻底根除“网瘾”的危害。

总之，我们青少年学生只有在保持自我本色过程中充分地认识自己、认真地做好自己，不嫉妒、不菲薄、不盲从，并且努力地、卓有成效地根除“网瘾”，才可能拥有真正属于自己的快乐人生。

19 世纪美国著名散文家爱默生，在散文《自我信赖》中说：“一个人总有一天会明白，嫉妒是没有用的，模仿他人无异于自杀。因为不论好坏，人只有自己才能够帮助自己，只有耕耘自己的田地，才能收获自家的玉米。上天赋予你的能力是独一无二的，只有当你自己努力尝试并运用时，才知道这份能力到底是什么。”

小结

1. 无数实践证明，在根治“网瘾”过程中，信念起到了无可替代的作用。

2. 中学生“网瘾综合征”，作为一种极易感染上的心理病，是对我们心理健康的最大威胁。

3. 乐观的心态是一种积极进取的人生态度，能有效地帮助我们彻底根治“网瘾”。

4. 我们青少年学生只有在保持自我本色过程中充分地认识自己、认真地做好自己，不嫉妒、不菲薄、不盲从，并且努力地、卓有成效地根除“网瘾”，才可能拥有真正属于自己的快乐人生。

相关链接

成败在于你是否竭尽所能

如果你不能成为山巅上一棵挺拔的松树，

就做一棵山谷中的灌木吧!
但要做一棵溪边最好的灌木!
如果你不能成为一棵参天大树,
那就做一片灌木丛林吧!
如果你不能成为一丛灌木,
何妨就做一棵小草,给道路带来一点生气!

你如果做不了麋鹿,
就做一条小鱼也不错!
但要是湖中最活泼的一条!

我们不能都做船长,总得有人当船员,
不过每人都得各司其职。
不管是大事还是小事,
我们总得完成分内的工作。

做不了大路,何不做条羊肠小道,
不能成为太阳,又何妨当颗星星,
成败不在于大小——
只在于你是否已竭尽所能。

(美国著名诗人道格拉斯·马洛奇作品)

思考与讨论

你认为“根治‘网瘾’最有效的办法就是远离网络”的说法对不对?为什么?并尝试与同学就此问题进行讨论。

六、网络社会——完善自我的平台

提示

1. 兴趣是个体以特定的事物、活动及人为对象，所产生的积极的和带有倾向性、选择性的态度和情绪。

2. 激发和培育生活的兴趣，可以促使中学生更加热爱生活，它是我们在网络社会中完善自我的起点和关键。

3. 培养健康心理，健全自我人格，是我们在网络社会中完善自我过程中的重要一环和终极目的。

自我的不断充实和完善是我们中学生在网络社会中发展自我的终极目标。我们的一切学习生活和社会生活都是为了加快完善自我的进程，通过更好地掌握和利用电脑工具、更好地适应网络社会的各种发展和变化，使我们的自我价值得到最大可能的实现。一般说来，我们在网络社会完善自我的根本途径分为三个步骤，它们依次是：激发和培育学习、生活兴趣，直面心理问题、提高心理素质和培养健康心理、健全自我人格。

1. 热爱生活，激发和培育学习、生活兴趣

（1）兴趣的定义。

兴趣是个体以特定的事物、活动及人为对象，所产生的积极的和带有倾向性、选择性的态度和情绪。每个人都会对他感兴趣的事物给予优先注意和积极探索，并表现出心驰神往。

（2）兴趣的特征。

兴趣表现出一种自觉自愿的心理态度，兴趣不只是对事物表面的关心，任何一种兴趣都是由于获得这方面的知识或参与这种活动而使人体验到情绪上的满足而产生的。

兴趣的程度与认识和情感成正比，兴趣是和个人的认识和情感密切联系着的。如果一个人对某项事物没有认识，也就不会产生情感，因而也就不会对它发生兴趣。相反，认识越深刻，情感越丰富，兴趣也就越深厚。

好奇心是兴趣生成的准备，好奇心是一种强烈的求知欲。我们正拥有着人生最宝贵的年华，思维活跃、精力充沛，好奇心也比其他年龄阶段的人更加活跃。所以，我们应该更好地引导自己的好奇心，使之能为兴趣的生成做好应有的准备。

兴趣是最好的老师，兴趣能够让人更多地接触该领域的内容，让人积极主动地寻找答案，让人在不知不觉中复习或重温。

（3）兴趣与爱好的关系。

兴趣是爱好的前提，没有兴趣，就不会有爱好。只有当兴趣的程度达到一定的高度后，才会转化为爱好。

爱好是兴趣的发展和行动，爱好不仅是对事物优先注意和向往的心情，而且表现为某种实际行动。

兴趣和爱好是受社会性制约的，不同环境、不同阶级、不同职业、不同文化层次的人，兴趣和爱好都不一样。有的人兴趣和爱好的品位比较高，有的人的兴趣和爱好的品位比较低，兴趣和爱好品位的高低会直接影响和表现一个人的个性特征的优劣。

兴趣和爱好有时也受遗传的影响，父母的兴趣和爱好也会对孩子有直接的影响。

年龄的变化和时代的变化也会对人的兴趣产生直接影响。

（4）兴趣产生的前提及类型。

需要是兴趣产生的前提和基础。不管人的兴趣是什么，都是以需要为前提和基础的，人们需要什么也就会对什么产生兴趣。

人的兴趣是多种多样的，但概括起来又可以分为两大类：

第一，物质兴趣和精神兴趣。物质兴趣主要指人们对舒适的物质生活（如衣、食、住、行方面）的兴趣和追求；精神兴趣主要指人们对精神生活（如学习、研究、文学艺术、知识）的兴趣和追求。就我们中学生来说，由于人生观和世界观尚未完全形成，无论物质兴趣和精神兴趣都需要师长进行积极的引导，以防止在物质兴趣方面的畸形发展，在精神兴趣方面的消极追求。第二，直接兴趣和间接兴趣。直接兴趣是指对活动过程的兴趣。例如，我们有的想象力丰富，富于创造性，喜欢制作各种模型，在制作过程中，全神贯注，表现出浓厚的兴趣；间接兴趣主要指对活动过程所产生的结果的兴趣。例如，有的人业余喜欢绘画，每当完成一幅画，他都会对自己取得的成果表现极大兴趣。直接兴趣和间接兴趣是相互联系、相互促进的，如果没有直接兴趣，制作各种模型的过程就很乏味、枯燥；而没有间接兴趣的支持，也就没有目标，过程就很难持久下去。因此，只有把直接兴趣和间接兴趣有机结合起来，才能充分发挥一个人的积极性和创造性，才能持之以恒，目标明确，取得成功。

人的兴趣还具有倾向性、广阔性、持久性等特点。对我们中学生来说，兴趣的倾向性、广阔性和稳定性显得尤为重要，它将直接关系到我们的未来方向和成就。

（5）兴趣的作用。

兴趣对一个人的个性形成和发展、对一个人的生活和活动有巨大的作用，这种作用主要表现在以下几个方面：

对未来活动的准备作用。

对正在进行的活动起推动作用。

对活动的创造性态度的促进作用。

对个性形成起到积极作用。

有利于积极向上的人生态度的形成。

总之，激发和培育生活的兴趣，可以促使我们更加热爱生活，它是我们在网络社会中完善自我的起点和关键。

(6) 网络社会中学生激发、培育兴趣常用方法简介。

①一针见血法。

“一针见血”的意思是认识问题要抓住本质。那么一针见血法，就是先从面对问题的本质入手，弄清楚这个问题的本质是什么，进而扩展到整个问题的一种激发和培育兴趣的方法。我们在日常学习生活中，这种一针见血法对于兴趣的激发最为快速。一针见血法从事物本质属性出发，对于兴趣的激发和培育，尤其是对于一个初学者对刚刚接触事物的兴趣快速激发，是有很大的功效的。虽然，这种方法使用的起先阶段会有点强迫的意味，但是它对于兴趣的自觉激发可以说有着立竿见影的效果。

②步步为营法。

“步步为营”的意思是指军队每向前推进一步就设下一道营垒。比喻行动谨慎，稳扎稳打。那么步步为营法，就是面对要激发或培育兴趣的事物，一步一步地接近它，在较为长时间的接触和交流中激发和培育兴趣的一种方法。一般看来，在我们的社会学习生活实践中，步步为营法虽然没有一针见血法那样时间要求紧迫和目的要求急切，但是目的还是一致的，就是要激发和培育兴趣。采用步步为营法激发兴趣，虽然花费的时间要长一些，但它一步一步，扎扎实实，由此所产生的兴趣深刻而持久，难以磨灭。

③质疑辨疑法。

“质疑”是指提出问题；“辨疑”是指分析问题和解决问题。质疑辨疑法，指的就是通过对事物进行提出问题、分析问题、解决问题，从而逐渐对该事物产生兴趣的一种方法。在社会实践中，因为还存在着很多未知事物，所以我们就必须学习。学习过程中，难免会有疑问，提问不但是积极思考、训练思维能力的重要方式，还是激发和培育兴趣时不可忽视的一种方法。提出问题、分析问题，尤其是问题的解决，可以使我们学习者在其中产生很大的成就感，从而对提出问题的事物产生亲切感和浓厚的兴趣。这种激发和培育兴趣的方法特别适合于对自然科学的学习。

④爱屋及乌法。

所谓“爱屋及乌”是指喜爱那所房屋，连房屋上的乌鸦也一并喜爱。比喻喜爱一个人，连对与他有关系的人或物也喜欢。爱屋及乌法，指的是具体到学习中，通过喜爱一个老师，从而喜爱这个老师所传授这门学科的知识，对这个老师传授的这门知识产生兴趣的激发和培育兴趣的方法。这种方法在目前的现代教育教学模式中越来越多见。老师通过自己的端庄仪表、博学多识、雄辩口才、儒雅谈吐；通过自己精心设计的教学方式和业已形成的教学风格；通过自己的言传身教，乃至人格魅力，可以深深地感染自己的学生。学生也就通过这样的生动活泼、让自己记忆犹新的课堂教学，对自己的老师越来越喜爱，进而对自己的老师所传授的这门学科越来越喜爱，产生强烈的兴趣。

⑤提示引导法。

提示和引导是启发式教育常用的两个手段。提示引导法，就是指教育者通过提示或引导的手段，使受教育者对于某一特定事物喜爱或特别关注的一种激发和培育兴趣的方法。提示，可以看作是简单的提醒；也可以看作是教育者在某一特定事物上向受教育者作的简明扼要的介绍。提示的目的就是刺激受教育者的求知欲望和好奇心，使其能够自觉自愿地主动地去接触该事物，并逐渐对该事物产生兴趣。引导，是提示的延伸，是教育者在某些比较复杂的事物或问题上对受教育者的一种常见的启发方式，引导也是一种提示，也是为了刺激受教育者的求知欲望和好奇心，使其自觉自愿而又非常主动地去接触比较复杂的事物，并对其产生兴趣。

⑥角色互换法。

角色互换法是一种很有趣的激发和培育兴趣的方法。它的前提有二：其一，就是把要对其产生兴趣的某一特定事物——兴趣对象人格化（特定事物为非人事物的情况下）；其二，就是换位思考。假设要产生兴趣者为A，兴趣对象为B，要使A对B产生兴趣，把B人格化后，设定B和A已成为朋友，B已经对A产生兴趣，所以，A也应该对B产生兴趣，这种激发和培育兴趣的方法，我们就把它叫做角色互换法。在这种方法中，要产生兴趣者A与兴趣对象B的角色发生位置的互换，这种方法适合于那些难以产生兴趣又应该产生兴趣的情境中。我们可以尝试用角色互换的方法，对一些我们平时看上去很遥远的东西，产生兴趣。在平日的学习生活中，这种方法不妨一试。

⑦潜移默化法。

潜移默化指人的思想或性格不知不觉受到感染、影响而发生了变化。我们把潜移默化当作一种激发和培育兴趣的方法，主要是指兴趣在不知不觉中受到感染、影响而发生了变化。一些兴趣的生成，不是人们短暂的冲动，而需要一个比较漫长的过程；加上如果某种兴趣一旦生成，它就有相对的稳定性，有的甚至发展为爱好。所以，有些兴趣的形成和兴趣的变化，是在潜移默化中进行的。潜滋暗长、春风化雨中，一种兴趣逐渐形成或一种兴趣逐渐变化。

⑧典型示范法。

典型示范法，主要强调的是兴趣的相互影响作用，或者说是兴趣“榜样”的示范和感召作用。这是兴趣激发和培育方法中很重要的一种方法。一方面，一个兴趣爱好很广泛的人，会在自觉或不自觉之中，对生活在他周围的人群，通过交流和沟通，产生影响，从而激发在他周围人群中某一个人或几个人向他学习，也成为兴趣爱好很广泛的人；另一方面，一个人的兴趣或爱好，也会通过人与人之间的相互交流和沟通，“传染”给他周围人群中的某一个人或一些人，这都是典型示范法在起着重要的作用。在网络社会中，典型示范法对我们兴趣的形成起到作用有4种途径：父母的遗传、老师的教化、朋友的默契、榜样的感召。

2. 直面心理问题、提高心理素质

（1）网络社会中我们青少年学生心理现状堪忧。

我们青少年学生正处在身心发展的重要时期，大多又是独生子女，随着生理、心理的发育和发展，竞争压力的增大，特别是当前网络社会快速发展，我们发展与成长的生态环境和社会环境日趋复杂，身心健康发展受到的负面影响越来越大，致使我们的心理健康问题较以前更显著和突出。近年来，大量的研究和调查表明，当前我国青少年学生的心理健康状况不容乐观，令人担忧。

上海市精神卫生中心会同世界卫生组织（WHO）和美国夏威夷大学，联合对上海市中小学生的心理健康状况进行大规模调查，发现有27%的学生心理异常（包括心理障碍和心理疾病等），原国家教委对全国大学生的抽样调查研究结果表明：有20.23%的人有程度不同的心理健康障碍。以此推算我国约两亿的大中小在校学生有各类心理健康问题的就高达三四千万之多，这简直是一个令人吃惊的数字。据研究显示，随着年龄的增长，学生的心理健康问题有上升的趋势。浙江省心理卫生工作者对全省城乡不同类型学校2961名大中小学生进行心理健康状况测查，发现占总数16.7%的学生存在严重的心理健康问题，其中初中生为13.67%，高中生为18.7%，而大学生高达25.39%。令人担忧的是，不良的心理健康状况不仅导致了学生自身的身心疾病，严重影响了身体健康和学习活动，同时还直接损害了他们的品德发展和正常的社会性适应，如因心理健康问题而休学、退学、离家出走、死亡，甚至犯罪等，这在客观上给社会、学校、家庭和个人造成了消极后果。如北京16所大学联合调查表明，大学生中因心理疾病休学、退学人数分别占总休学、退学人数的37.9%和64.4%。清华大学的统计表明，该校因心理疾病休学、死亡人数分别占总休学、死亡学生数的51%和50%。从最近一次对全国近3000名大中学生的调查发现，42.73%的学生“做事容易紧张”，55.92%的学生“对一些小事过分担忧”，47.41%的学生“感觉人与人之间关系太冷漠”，67.26%的学生“在心情不畅时找不到朋友倾诉”，48.63%的学生“对考试分数紧张，感到有些吃不消”。上述材料充分显示了我国青少年学生心理健康问题的严重性，也足以说明，在大中小学开展学生心理健康教育，维护与促进学生的心理健康已是学校教育所面临的无法回避的现实课题。因此，开展青少年学生心理健康教育，提高广大青少年学生的心理素质刻不容缓。

（2）网络社会中我们青少年学生主要心理问题分析。

青少年时期正处于人生的“转型时期”，世界观、人生观、价值观正在逐渐形成。在当今网络社会中，我们的生理、心理正从幼稚走向成熟，在心智发展过程中不可避免地会出现表现各异、程度不同的心理问题。在我们青少年学生群体中最常见的心理问题有：

①嫉妒心理。嫉妒是对他人的优越地位而心中产生的不愉快的情感。它俗称“红眼病”，是对别人的优势以心怀不满为特征的一种不悦、自惭、怨恨、恼怒甚至破坏性的“负感情”。

②自卑心理。自卑是一种因过多地自我否定而产生的自惭形秽的情绪体验。自卑感人人都有，只有当自卑达到一定程度，影响到学习和工作的正常进行时，才归之为心理疾病。

③孤独心理。又称闭锁心理，把因此而产生的一种感到与世隔离、孤单寂寞的情绪体验称为孤独感。深沉的孤独感会产

生挫折感、寂寞感和狂躁感等，严重的甚至厌世轻生。这也是导致我们青少年学生上网成瘾的最根本原因。

④逆反心理。它是指人们彼此之间为了维护自尊，而对对方的要求采取相反的态度和言行的一种心理状态。逆反心理作为一种反常心理，其后果是严重的，它会导致青少年出现对人对事多疑、偏执、冷漠、不合群的病态性格，使之信念动摇、理想泯灭、意志衰退、工作消极、学习被动、生活萎靡等。

⑤挫折心理。挫折、失败和逆境会给我们青少年带来紧张状态和失望、压抑、沮丧、忧郁、苦闷等紧张心理状态和情绪反应，心理学上称之为挫折感或挫折心理。这个时期的我们常常会因为对人生的思索、学业的担忧、爱情的烦恼而体验到令人失意的挫折心理。

⑥青春期焦虑症。焦虑症即焦虑性神经症，是一种常见的神经症，患者以焦虑情绪反应为主要症状，同时伴有明显的植物性神经系统功能的紊乱。焦虑在正常人身上也会发生，这是人们对于可能造成心理冲突或挫折的某种特殊事物或情境进行反应时的一种状态，同时带有某种不愉快的情绪体验。

⑦神经衰弱症。神经衰弱是由于大脑长期过度紧张而造成大脑的兴奋与抑制机能的失调。患者常常表现为情绪不稳、失眠、乏力、抑郁寡欢，有时发现知觉错乱现象，对极重要的事物会茫然无所知觉，对声音极度敏感，即使轻微的声音也会使其惊恐得心跳、冒汗。

⑨社交恐惧症。这种症状通常起病于青少年期，男女都可能出现。青少年渴望友谊，希望广交朋友，但有些青少年一到具体交往时，如找人交谈，或者别人与自己打交道，就出现了恐惧反应。其表现为不敢见人，遇生人面红耳赤，神经处于一种非常紧张的状态。它往往会泛化，严重者拒绝与任何人发生社交关系，把自己孤立起来，对日常工作学习造成极大妨碍。

这八种在青少年群体中最常见的心理问题，涉及我们中学生心理疾患的各个方面，引发起日益严峻的教育问题、家庭问题和社会问题，并且严重阻碍了我们自身健康心理的养成、心理素质的完善和自我人格的健全。

(3) 完善心理素质是提高自身各种素质的基础。

一个人要健康成长、顺利成才，离不开科学文化素质、思想道德素质和身体心理素质的有机结合。对此，有人作了这样形象的比喻：如果学校培养出来的学生，思想道德素质不合格是"危险品"；科学文化素质不合格是"次品"；身体心理素质不合格，就是"废品"。由此可见身心素质在人才培养中的基础地位和作用。身心素质包括两个最基本的因素，即身体素质和心理素质。心理健康作为心理素质的基本要求，作为身体素质的重要保证，是身心素质发展的基础，也是我们中学生在网络社会中完善自我不可或缺的过程和最重要的一步。

心理健康对于我们中学生在网络社会中完善自我的地位和作用体现在以下三个方面：

首先，心理健康有助于我们思想道德素质的完善。

心理健康与思想道德素质之间有着十分密切的关系。性格、情感、意志、需要、动机、兴趣、态度、信念、理想、世界观、价值观等心理素质，同时也是思想道德素质的重要内涵。因此，个体心理的成熟程度和健康水平，直接影响思想道德素质的发展和完善。心理健康的人常常乐观自信、处世积极、人际关系协调，能正确认识自己和社会的关系，自觉自愿地承担社会义务和道德责任，在完善自我的同时为社会贡献力量，具有较高的道德品质和思想水准；而那些违法乱纪、道德败坏的人，往往心理发展异常或人格存在缺陷。因此，有观点认为，心理问题不一定表现为道德问题，而道德问题一定表现为心理问题。可见心理健康对思想道德素质发展的基础地位和制约作用。

其次，心理健康有助于我们科学文化素质的提高。

与智力活动直接相关的心理因素我们常常称之为智力因素，主要是指认识这一心理过程和要素。而除了认识之外的其他心理因素，我们通常称之为非智力因素。虽然科学文化素质的提高与个体的智力水平及功能发挥直接相关，但非智力因素却通过影响智力的功能发挥和潜能开发，进而影响个体的科学文化素质的形成和完善。非智力因素恰恰是个体心理健康的主要因素和基本指标。在现实生活中，心理健康的中学生具有如情绪稳定、自律性强、有较高的社会理想、兴趣广泛、性格偏外向、人际关系协调等共同特征。

最后，心理健康有助于我们身体心理素质的强健。

健康心理既是完善个体心理素质的基础和前提，又是提高个体身体素质的重要保证。人的身体和心理、精神与肉体是有机统一、互为前提的。疾病、生理缺陷等躯体疾患容易破坏人的情绪，影响个体正常的学习生活和人际交往，损害心理健康；而身体强健往往使人精力充沛、心情愉快、自信乐观，表现出良好的精神状态。心理长期不健康，特别是情绪上过度焦虑、忧愁、烦恼、抑郁、不安或愤怒，也会影响人的神经系统、内分泌系统的正常运转及器官的功能发挥，导致生理上的异常和病变（甲亢，就是因为个体长时期的抑郁、紧张造成的甲状腺病变）；而心理健康则能促进身体机能的良性运转，提高人体自身的免疫力，不仅有利于健康长寿，促进身体素质的完善，还能起到治病、防病的特殊功效。在现实生活中，既有因心理不健康引发身体不适甚至严重疾病的情况，也有因心态乐观而战胜疾患甚至战胜不治之症的典型。因此，健康心理有助于个体身体心理素质的强健。

3. 培养健康心理、健全自我人格

健全人格指的是个体在社会生活多方面所表现出来的作为人的较理想的状态，它不局限于人格心理学的范畴，还体现在伦理道德、法律法纪以及世界观、人生观等多方面。健全人格不仅是心理健康的较高水平和完满状态，而且也是个体人格与社会人格的有机统一；既表现在个体对社会生活的价值取向，也反映了社会对个人的价值认定。因此，培养具有健全人格的公民是各个国家共同追求的目标，也是各国教育改革的基本内容。

辩证唯物主义认为，外因是变化的条件，内因是变化的根据，外因要通过内因起作用。对于改善心理素质、塑造健全人格来说，网络社会所提供的环境、教育等固然起着很重要的作用，但它只能提供外部条件，起决定作用的依然是个体的自我调节、自我教育。我们中学生心理素质的改善和健全人格的培养也需要从两方面着手：一方面要加强自我调节、自我教育；另一方面应接受网络社会中教育和环境的积极影响。这两方面也是相辅相成、相互促进的，即接受外部因素的积极影响，可以更加科学有效地进行自我塑造；而个体内部心理环境的自我改善，又能增强环境、教育的积极影响力。因此，我们应充分利用教育和环境的有利因素，致力于自我教育和自我完善以培养良好的心理素质和健全的人格。培养健康心理，健全自我人格，是我们在网络社会中完善自我过程中的重要环节和终极目的。

健全自我人格的目标包括下面五个方面：

（1）树立正确的世界观、人生观。

世界观不单纯是一个人的认识问题，它与人的情感、意志、理想、动机、立场、观点以及道德品质密切相关。它是个体心理的核心，是个体心理和行为的最高调节器，它指导着个体的心理活动和行为倾向，影响着人的整个精神面貌。一般而言，个体确立了正确世界观，往往能正确对待人生，心胸开阔，目光远大，不为身边的琐事或得失而郁郁寡欢、斤斤计较，不因小的挫折而情绪低落、心理失衡，能妥善处理生活、学习、工作中的各种矛盾，遇到挫折和压力能进行有效的排解或调节，始终保持心理的平衡；反之，就可能患上心理疾患。我们要树立正确的世界观、人生观，必须加强哲学、社会科学知识的学习体验，并善于从社会实践和生活经历中总结经验教训。

（2）具备心理知识和人文素养。

具备一定的心理知识和人文素养，就等于拥有了心理健康的钥匙，掌握了心理素质完善和人格健全的主动权。这样当自己出现情绪困扰、心理失衡时，就能运用自己的知识和经验储备，进行自我分析、自我调节，实现自助自救，或及时求助于心理咨询的专业帮助；当身边的人出现心理异常时，也能利用自己所学，给他们提供有效的帮助和积极的建议，防止心理问题的堆积和心理疾患的产生。具备心理知识和人文素养，还有助于充分认识自己，全面了解社会，为自己确立合理的奋斗目标和可行的实现路径，以促进心理素质的完备和人格的健全。我们可以通过“第二课堂”、听讲座、阅读书籍、参加社会实践和社团活动等多种形式，主动掌握心理知识，提高自己的人文素养。

（3）客观认识自我。

心理学研究表明，个体对自己的评价越接近本人实际，表现自我防御的行为就越少，社会适应能力就越强。过高或过低的自我评价，常常会引发紧张焦虑等不良体验而产生心理问题。因此，我们应该深入了解自己，客观评价自己，欣然接受自己，既不因自己的缺点而自卑沮丧、退缩遮掩，也不为自己的优点而狂妄自大、不自量力，真正做到乐观自信、扬长避短。另外，制定奋斗目标要尽可能符合自己的实际情况，目标过高难以实现，容易对自己失去信心；目标过低轻易取胜，又会滋长自负心理，这些都会引发理想自我和现实自我的矛盾，不利于心理素质的发展和完善。

（4）掌握情绪控制的科学方法。

情绪伴随心理活动的始终，对心理健康的影响较大。心理失衡的主要症状是情绪困扰。个体应通过合理的方法调节情绪，保持良好的心境。情绪调控的具体措施：一是转移，即在个体遇到不愉快的事或心情烦闷时，有意识地把情绪转移到可以替代的事情上去，如看电影、听音乐等。二是合理的宣泄。即当情绪处于压抑状态时，应寻找合适的渠道予以释放，如找一个值得信赖的人进行倾诉；痛快淋漓地哭一场；在旷野中大声喊叫。合理宣泄的前提是不至于对他人、对自己造成伤害。三是积极的自我暗示。消极的自我暗示常常导致消极的情绪，而积极的自我暗示是情绪健康的催化剂。积极的自我暗示意味着个体在消极情绪出现时，给予正确的自我认识，用积极的内部或外部语言给自己打气、鼓励，进行自我激励。四是理性分析。情绪困扰往往源于个体对自己的心理冲突没有充分的自知。如果个体能对自己的情绪进行冷静的分析，改变某些不合理的认知，消极情绪也会在很大程度上得到缓解。

（5）乐于交往，建立良好社会支持系统。

人是社会的动物，没有正常的人际交往，不但其归属感和自尊感的心理需要难以得到满足，而且生活范围狭窄，社会经验缺乏，心理冲突和情绪困扰也容易发生。同时，个体通过人际交往、相互比较能更加客观、充分地认识自己，发现和学习他人的优点，认识和纠正自己的不足，促进人格的优化和完善。另外，人际交往还有助于个体建立良好的社会支持系统。社会支持系统是能给个体提供情感宣泄、心理抚慰和积极支持的交往对象（如父母、朋友、同学、老师等）所构成的比较稳定的关系网络。

应该认识到，我们中学生产生心理问题是正常的，甚至出现心理疾患也在所难免，关键是能否对自己的身心发展抱有积极的态度和认真负责的精神。相信通过科学的方法和手段，具有战胜自我、超越自我的决心和毅力，我们一定能够改善心理素质，促进人格的健全。

小结

1. 兴趣的类型概括起来可分为两类：物质兴趣和精神兴趣；直接兴趣和间接兴趣。

2. 心理健康有助于个体科学文化素质的提高。

3. 我们中学生一定能够改善心理素质，促进人格的健全。

相关链接

作文竞赛“语出惊人”　当代中学生人格亟待健全

“请不要将责任强加于我，我承受不起”、“我们不仅要宽容别人，更要宽容自己”、“我渴望孤独、寂寞”……上海市 70 万中学生参加的一场作文竞赛中，冒出不少“惊人”之语，引发各方人士对当代中学生人格构建的关注。

冷落“责任”、“宽容”自己

此次作文竞赛由上海市教委教研室、《中文自修》杂志等主办，题目是五大“关键词”——感恩、渴望、宽容、责任和真诚。这五个“关键词”是构成健全人格的基本要素。

让评委们失望的是，有关“责任”的作文选写者很少，不多的文章中也多是“唱高调”。如“我们应倡导人人具有强烈的社会责任感”、“我真诚地呼唤责任意识”之类，却很少有学生写到自己应承担什么责任、怎样承担责任。还有学生这样写：“我还太年轻，将这二字加在我身上，令我惶恐不已。”更值得注意的是，年级越高，选写这个题目的学生越少。

对于“宽容”，不少学生以自我为中心，提出“我们不仅要宽容别人，更要宽容自己”，就是宽容自己成绩不理想、宽容自己犯错误等。有个学生写自己一次参加比赛后，发现母亲没有在门口等候，便气呼呼地想发作。母亲向他道了歉，还烧了许多他爱吃的菜，他才“宽容”了母亲。

“渴望”是个热门题目，许多学生的苦恼集中在学习成绩、代沟误会等方面，渴望之后只剩迷惘。在写“真诚”时，不少学生也感到迷惑：“说谎，在孩子是种罪恶；在成人，则叫做应付”……

当代中学生人格亟待健全

“尽管学生的人格构建受社会大环境影响，但学校对此应担负重任。”语文特级教师于漪指出，现在的学校和家庭教育淡化了对孩子心灵世界的关注，过于注重他们的知识世界，“一考遮百丑”。不少孩子形成“玻璃人格”，以自我为中心，委屈不得、批评不得、承受不了压力。

上海市教委教研室语文教研员步根海谈到，语文教育是健全学生人格的良好载体。但是现在学校语文教育过于概念化、抽象化，为考而教，忽视了语文对人格的感染和浸润作用。

学生家长李明洁说，家长应该通过日常小事，让孩子明白，有了感恩、宽容、责任和真诚之心后，能得到什么，让他们体味到坚持这些品质后得到的幸福，把人格构建具体化。

进华中学校长陈国强提出，德育不能停留在说教上，要让学生通过实践，完善人格构建。如进华中学和云南山区学校帮困结对，让学生在帮助别人的过程中，培养爱心和责任意识。

儿童文学作家梅子涵建议，可以让孩子从文学作品里寻找感恩、渴望、宽容、责任和真诚，引导他们去品味和感悟美好。

（摘自 2006 年 1 月 29 日中青网）

思考与讨论

请你结合自我经历和上述内容，谈谈中学生健全自我人格的重要意义。

我们中学生上网要遵守的前提和遵循的原则是什么？是非判断力究竟给我们上网哪些帮助？我们中学生上网的必需条件又是什么？网络社会中我们个人修养内容包括哪些？在网络社会中，应如何遵守社会主义道德？应如何注重各种社会规范？应如何养成良好的习惯？这些就是处于现实网络社会中和现实网络环境下的我们，直面网络、守望自我的落脚点和归宿。

第五章

守望自我

一、明确上网的前提和原则

提示

1. 我们中学生上网的前提包括五个方面：认识网络本质、明确上网目的、制定上网计划、选择网络内容和加强上网节制。

2. 我们中学生上网应遵循的五原则是："有理"原则、"有利"原则、"有节"原则、选择性原则和调节性原则。

3. 提高判断力，对我们正确使用网络有着重要意义。

中学生上网的前提和原则，既是我们上网活动思想准备的主要内容，也是我们上网活动自我约束的修养标准，已成为网络社会中我们利用网络工具学习生活的基础。养成明辨是非的判断能力，对我们正确上网也有着积极的意义。

1. 中学生上网的前提

中学生上网的前提是我们上网活动开始前要完成的准备工作，主要是在思想上对我们上网提出必须遵守的要求，它一般分为以下五个方面：

（1）认识网络本质。

网络如众多其他客观事物一样，只有认识它，才能走近它；只有走近它，才能更深入地认识它。中学生上网，首先要求必须对网络在本质上进行认识。前文阐述中曾提到，网络的出现和发展，是科学高度发展和人类社会进步的标志，象征着人类的物质文明步入了一个前所未有的阶段。网络对于人类社会和人们生活的积极意义，这是主要方面。它的消极意义是它给人类社会生活带来的严重冲击和它对人类社会发展和人自身发展的严峻挑战，这只是次要方面。认为“网络是人类手握着的一柄双刃剑”，是站在如何促使人类社会快速、稳定、协调发展的角度和高度，从客观上对网络进行的理性分析和理智评价。

网络不是“洪水猛兽”，我们利用课余时间上网，并不意味着“十恶不赦”。合理地利用电脑上网，有利于我们增长知识、提高能力、完善素质，进而促进全面发展的进程；有利于我们利用网络舞台、充分发挥自己的聪明才干，进而加速塑造个性的进程；有利于我们利用网络直接而深刻地把握时代进步的脉搏；有利于我们真切而透彻地体验“开拓创新”、“与时俱进”的时代精神。我们自身应该对网络的本质有这些正确的认识和把握。而中学生沉迷网络的表现，乃至中学生“网瘾”的产生，只是对网络本质的认识出现偏差后所呈现出来的极端，错误不在于网络，而在于我们自身辨别能力、适应能力和自制能力的薄弱。

我们应该走近网络、面对网络，而不是远离网络、回避网络。作为老师和家长应该鼓励中学生合理上网，并给我们上网提供便利。社会各方面应该给未成年中学生提供更多有异于营业性网吧的有益的公共上网场所，使得我们能在不断的上网过程中，加深对网络本质的认识。

(2) 明确上网目的。

网络是一种工具，它既是帮助人们学习生活的工具，也可以当作人们娱乐消遣的工具。我们可以通过上网来学习生活，也可以通过上网来娱乐游戏。在上网过程中，把学习生活放在首要位置的目的才是正确的，我们上网应该确立正确的目的。那么，当前中学生的上网目的现状又是怎样呢。

于志高（一位普通的中学教师）曾作过专门调查。他发现“学生在网吧70%以上是在玩游戏，30%是在网上聊天。把网络当做学习工具的几乎等于零”。于老师说，“素质的提高不是简单的会上网，学生对于网络等方面的兴趣，完全可以在大学时期或毕业以后培养。”

另外，很多中学生上网的目的是为了能阅读到更多的网络文学。

调查发现，49.11%的中学生认为网络文学能使他们开阔眼界，它似一面多棱镜、一个万花筒，展现出色彩艳丽的世界；14.59%的中学生认为它有助于提高他们的文学水平；7.14%的中学生认为它可以提高网络技能。不难看出，中学生正处在一个思想、文学水平都不是很成熟的阶段，丰富的情感和敏感的内心，使他们渴望交流、渴望得到理解，而又不愿意在众目睽睽之下让人品头论足，而网络文学正好为他们提供了一扇心灵的大门。看别人的文章，心灵得到回应，思想受到冲击；写自己的文章，没人知道你是谁，又敞开了自己丰富多彩的内心世界，从自我封闭的牢笼中获得解脱，同时也在经意和不经意间受到网络写作风格的影响。诸如，加深自我关注，增强自我意识，多了一份对人生的思考、对世界的认识，鲜明的语言个性化等。许多中学生（尤其是女生）对安妮宝贝的文章非常喜爱，认为那些文字很深刻、现代、触动人心；大多数男生则对俞白眉的网上论剑持有极大的兴趣，在潜移默化中也有了自己对生活的思考。

这种把能阅读到更多的网络文学当作上网的目的，看似比沉浸于网游的目的对我们的健康成长要好一些，但实际上，网络文学的负面影响从思想和情感上更深入人心。

由此可以看出，中学生正确上网目的的确立势在必行，这需要老师和家长更多正面的引导和建议。我们自己也应该充分认识网络作为社会学习生活工具的本质，充分认识到网络对自身健康发展的积极影响和消极影响，不远离网络，也不沉迷网络，适时适度地合理利用网络帮助自己的学习和生活。

（3）制定上网计划。

制定上网计划，即制定每天或每周什么时候上网，每一次上网多长时间。制定上网计划，对于合理安排学习生活时间，及时了解网络动态，始终发挥网络对生活学习的工具作用，都有着非常重要的意义。

要制定上网计划，首先是要了解计划是什么，它有何特点。

计划，属于管理学的范畴，在管理学中计划是指确定组织或个人未来发展目标以及实现目标的方式，也称做工作计划。工作计划就是对即将开展的工作的设想和安排。上网计划也是计划中的一种，它是对某一次即将开始的上网活动提出任务、指标、完成时间和步骤方法等。计划有四个特点：预见性、针对性、可行性和约束性。

要制定上网计划，其次是要知道制定计划的重要性。

对于我们中学生而言，制定计划的重要性主要体现为以下五个方面：明确目标，鼓舞斗志；循序渐进，提高效率；驾驭生活，增强能力；养成良好的学习习惯；形成优良的学习品质。总之，计划的意义非同一般，它能给人以勇气，给人以效率，给人以能力，促使我们循序渐进，少走弯路。

要制定上网计划，最后是要知道制定上网计划的方法。

制定计划的前提是“预测”，核心环节是决策。计划内容主要涉及两个方面：一是目标，即做什么；二是达到目标的方法，即怎么做。对于上网计划的制定而言，就是要明确什么时候上多久的网，通过上网要达到什么目的。制定上网计划必须遵循上网计划制定三原则：实事求是、切实可行、学业优先。制定上网计划的步骤是：制定目标——时间分配——评估时间是否合理——制定计划。

（4）选择网络内容。

在人的漫长一生中，将面临许多选择，网络内容选择就是其中之一。对于网络内容的选择，体现在上网的选择性和针对性，而不是把所有网络内容一味地拿来、接纳和吸收，这对上网效率的发挥，特别是网络促进我们中学生健康成长作用的体现，都有着深远的意义。选择网络内容，是我们上网准备活动中最关键的一环。

网络内容选择的标准：是否有利于我们的学习成效；是否有利于我们的心理健康；是否有利于我们的身心成长。

网络内容选择的方法：把不利于我们学习成效、心理健康和身心成长的带有病毒，包含黄色内容、暴力内容和消极观点的相关网站、网页进行拦截，相关信息进行屏蔽。

（5）加强上网节制。

对上网的节制，本书前面的内容已经作了比较具体的阐述，并明确了上网节制对于中学生的网络沉迷和“网瘾”现象具有很大的限制作用。加强上网节制就是要不断地提高上网的自制力，这对身心发育尚不成熟、自制力较弱的我们来讲，尤为重要。我们在上网之前应制定计划、确定上网时间，可以尝试在一定的单位时间结束时，用掐表结束的方法限制上网时间，不至于漫无目的、毫无节制地上网，影响自己正常的学习和课业时间。

2. 中学生上网的原则

一定的上网活动有益于我们的学习生活，但无节制的上网则会影响我们的身心健康。一般说来，中学生上网应遵循以下五原则。

（1）“有理”原则。

“有理”指的是我们要合理地安排时间，在合理的地点上网，上网的收获合乎自己健康成长、全面发展和个性塑造的相关规律。

（2）“有利”原则。

“有利”指的是我们任何一次上网活动的目的，都应该对自己健康成长、全面发展和个性塑造有利。

（3）“有节”原则。

“有节”指的是我们任何一次上网活动都不能“由着自己的性子来”；要有节制，要适可而止。

（4）选择性原则。

包括上网时间的选择上必须在学习和课业完成以后；上网地点的选择上严禁进入营业性网吧；网络内容的选择上一定要有利于自身健康成长。

（5）调节性原则。

如果把网络当成学习和生活的工具，例如，在网上写一篇文章，一定要注意张弛有度，合理安排休息；如果把网络当成生活休闲和娱乐的工具，例如，在网上玩游戏，一定要注意适可而止。

3. 提高判断力，正确使用网络

我们在上网和对网络的使用过程中，除了遵循上网的前提和原则外，还应该在日常社会生活实践中努力提高自己的是非判断能力。因为，在网络社会中，一个人的判断力和他的适应力、自制力同等重要，所以，必须把判断力的训练和提高纳入我们个人修养的范畴。面对纷繁芜杂的网络社会，要提高自己的判断力，必须发扬“求真”的精神。

（1）“真”的本质和特征。

真，是指客观事物在运动、发展、变化中表现出来的客观必然性及内在的规律性。这种客观必然性是不以人的主观意志为转移的。人们只有接近它、认识它、掌握它，而不能限制它、扭曲它、改变它。总之，符合客观必然性的东西，就是真的，如一年四季更替的顺序是“春—夏—秋—冬”，两点间直线距离最短，等等。马克思主义认为，世界是运动的，运动是绝对的，任何事物时刻都处于不断的运动、发展和变化之中。只有在这种运动、发展和变化之中所体现出的必然性和规律性，才是真的。客观必然性和内在规律性，是“真”的特征。

真理则是对客观事物及其规律的正确反映。千百年来，无数先哲前贤、仁人志士，为了人类的独立与解放、文明与进步，在无数是与非、真理与谬误之中，苦苦求索，有的甚至不惜牺牲自己的生命。可以说，人类的前行历史，就是一部可歌可泣的与虚假抗争、与谬误决斗的追求真理的历史。

（2）明辨是非与坚持真理。

安徒生脍炙人口的童话《皇帝的新装》，不仅仅为人们塑造了一个啼笑皆非的皇帝的形象，更重要的是在童话的结尾用一个儿童的话，让我们看到了在那个充满了“瞒”与“骗”的社会中，有着“真”的希望与灵光，让我们不曾失掉对真理的渴望。这应该是这部童话最深远的意义所在。社会转型与世纪之交，社会在迅速发展的同时，也带来了许多是非、真假辨析的难题，许多人由于欲望的驱使导致对物质利益追求的膨胀，“瞒”与“骗”给“假”的生成提供了温床。网络世界虚拟的构建，网络事物虚假的本质，更让人们对真理的存在产生怀疑，追求真理的步伐放缓、甚至停顿。我们中学生由于自身的生理、心理特质，很多能力，尤其是辨别力、判断力还显得很幼稚，对于外界很多事物，尤其是网络事物的辨别还亟须提高。正因为这种主客观因素，使得我们的辨别力、判断力的训练和提高显得尤为重要。

（3）实事求是，不懂就问。

中学生树立正确的是非观，形成自己的是非标准，就是要明辨是非，坚持真理。首先要求我们要实事求是。这里的“是”就是事物的客观必然性、内在规律性。实事求是，指从实际对象出发，探求事物的内部联系及其发展的规律性，认识事物的本质。通常指按照事物的实际情况办事。实事求是是毛泽东思想的精髓，是邓小平建设中国特色社会主义理论的哲学基础。我们在自己的学习、生活中，应该实事求是，不可弄虚作假。因为无论是在学习还是生活中，我们都是以学习者的身份进行的，一定要秉承“知之为知之，不知为不知”的求真精神。学问，学问，要学也要问。在学习实践中，遇到不懂的知识和问题，我们要养成“好问”的习惯，不能妄自菲薄，一味逃避；更不能不懂装懂，盲目自大。只有勤奋学习，只有不懂就问，才能促成我们真正的全面健康成长。另外，尤为重要的是我们要不断提高自己明辨是非的能力，正确地使用网络，而不至于被网络中种种虚假的诱惑所蒙蔽，而深陷其中不能自拔，最终迷失自我。

小结

1. 制定上网计划，即制定每天或每周什么时候上网，每一次上网多长时间。

2. 我们要不断提高自己明辨是非的能力，正确地使用网络，而不至于被网络中种种虚假的诱惑所蒙蔽，而深陷其中不能自拔，最终迷失自我。

相关链接

如何提高校园文化判断力

文化判断力，我认为它是一个复合词，简单地说，我认为就是文化＋判断力。首先，我来谈谈对文化的理解：这是一个非常宽泛的概念，它的内涵与外延到目前为止，我还是讲不清，看来，要写这篇文章我只能说说我理解范围内的浅层次的文化与浅层次理解范围内的判断力。

1. 问题提出的背景

目前，整个社会似乎都处在困惑、迷惘、苦恼和浮躁中，既有奋斗、进取、创新之朝气，也有沮丧、玩世不恭、挣扎的哀婉，各种虚假文化泛滥。教育也不例外，教师身在其中，教育和教育者都受到虚假文化的冲击，教师在困境与浮躁中挣扎。由社会发展带来的教育环境变化的又一体现就是教育的主体——学生越来越难教，他们的主体意识越来越强，获取信息的途径也越来越多，对老师的要求也越来越高。但是，由于长期的应试化教育，强调知识的教育，造成对人文教育有所忽视，对教师的人文素养要求也不太高。教师不仅对西方文化认识不清，而且对本民族的文化也缺乏深入的了解和研究。因此当学生在接触各种文化的时候，得不到老师的适当指导。正由于学生得不到指导，所以在生活中常常可以发现有些学生把一些不健康的文化作为时尚。要提高学生文化判断力，首先就应该提高教师的文化判断力。特别是时代发展到信息时代，培养学生有选择、亲近健康文化的能力，将是教师十分重要的任务。

2. 问题解决的途径

教师文化判断力的培养有赖于教师广博的知识，因为教师只有具有广博的知识基础，才能对纷乱复杂的文化进行鉴别，并对学生进行有效引导，让他们分清其优劣、善恶；才能使教育工作更具有前瞻性、指导性；才能真正显示出现代教师所负有的人格魅力。其次教师要树立起正确的价值取向，价值取向是文化的核心内容，它对人的思想、态度、行为倾向都有统领作用和整合作用。这样，教师在指导学生时才能得心应手，真正提升学生的判断力。提升了文化判断力，也就创生了学生自律、抗变、免疫的机能。这样才能对纷乱复杂的文化进行鉴别。概言之，教师的言、行、意、情等处处渗透着人格精神，它是在校园里最直接、最经常地影响学生人格的教育因素。理想的教师人格魅力之光，对学生心灵的烛照是深刻且久远的，甚至于鞭策、鼓舞学生的一生，成为学生人生道路上始终效仿学习的对象，被学生所称颂、赞扬。再者，学校应该考虑经常开些人文讲座，让教师的人文素养得到一定的提高，也让教师体会一下中国 h 文化的博大精深。还有，现如今，网络的力量非常大，在网络世界中，散布着各种消极的、颓废的文化，这些垃圾文化往往借助网络，披着各种诱人的外衣不断向我们学生涌来，并影响着我们学生对所需内容的理解和接受。特别是充斥网络的不健康的文化，现直接污染了学生的心灵，诱发他们背弃伦理道德，形成扭曲的人格。这无疑十分需要教师给予正确的引导，帮助学生认识这些垃圾文化的危害。要使我们的学生在健康的文化氛围中成长，我们教师必须有较强的文化判断力，能有足够的自制力，引导我们学生用好这些资源。最后，我认为要提升文化判断力，可以从我们身边的小事做起，而不是只停留在做做报告，看看演出的层面，比如说，可以让学生先学会感恩，感谢他们身边陪他们成长的所有的人。因为在当今这个社会，名、利、权三者常常困扰着人们，导致世人总是在为此三者而奔波劳碌，于是就忽视了感恩——人生最重要的一堂文化课。比如：我们是否该让学生体会到将他们带到了这个人间，将他们抚养长大，供他们读书，给他们无微不至的关怀和照顾的父母是他们首选的感恩对象；还有辛勤的老师，用孜孜不倦的教诲，把他们从一个幼稚不懂事的孩子培养成为成熟、懂事、拥有高素质的人才，也应该是他们感恩的对象。

（作者：严捷）

思考与讨论

请你谈谈中学生提高判断力对其正确利用网络的作用。

二、保持清醒的头脑

提示

1. 社会转型给我们中学生的学习和生活带来很大的冲击。

2. 我们只有学会了追忆和反省自己的曾经、过往，才能真正懂得对时光的珍惜。

3. 网络社会中我们保持清醒头脑具有重大意义。

保持清醒头脑是我们在网络社会中生活的必需条件，只有保持了头脑清醒才不至于在形形色色的网络社会中迷失自己。当代中学生，必须懂得保持清醒头脑生活的重要性；必须懂得保持清醒头脑对守望自我的意义。在当今的社会背景下，我们要保持清醒头脑须在两个方面努力：一是能经受得住社会转型带来的冲击和阵痛；二是学会对自己过往经历的追忆与缅怀，学会回忆，学会对时光的珍惜。

1. 社会转型给我们带来的阵痛

改革开放后，尤其是20世纪90年代初以来，我国社会开始全面转型。这种转型是影响中国社会各类资源配置和经济发展力量的转变。在社会转型期，涉及人们思想观念的转变，大众生活方式的重组，人的自我价值的重新审视和提升，也涉及现实深层结构的转变。在利益主体走向多元化的同时，贫富之间的差距不断拉大，严重威胁社会的安定团结。此种局面的出现，与社会保障、税收、收入分配等公共政策存在缺陷有密切关系。

（1）我国不仅处在现代化最关键的阶段，而且正处于剧烈的社会变革阵痛之中。

我国处于社会矛盾和社会危机的高发期。从经济形态看，正处于由传统计划经济体制向现代市场经济体制转轨的时期。从社会形态看，正处于由传统农业社会向现代工业社会转型的时期。经济社会结构的整体转型，在给我国带来巨大发展和进步的同时，也孕育、积累了一些不稳定、不和谐的因素。突出表现在不同利益群体基本形成，贫富差距拉大，利益分化加剧。随着贫富差距的日渐拉大，社会不满情绪明显增多。根据2000年对城市居民的调查，约有1亿人对自身生活状况不满，占城市居民总数的22%。另有学者根据各种调查得出结论，认为包括下岗失业人员、低收入人群、收入水平下降群体在内的约45%的人对自己的生活状况表示不满意。社会成员对自己生活状况的满意程度，直接决定着他们对社会形势的主观判断，并将进一步影响他们向社会表达不满的方式，最终影响社会的稳定。如果任由贫富差距无限扩大，出现两极分化、财富越来越向富人集中，那么就将导致利益严重分化，社会发生分裂，造成各利益群体相互之间的不信任、尤其是贫富群体之间的对立。清华大学社会学系李强教授作过一次社会调查，对“您认为在目前社会上的一些富人中，有多少是通过正当手段致富的”这一问题，回答“很多”的仅占5.3%，回答“较多”的占14.5%，回答“不太多”的占48.5%，回答“几乎没有”的占10.7%，回答“不知道”的占20.8%。这清楚地表明，大多数人对富有者的不信任，在这种不信任中同时也隐含积聚着一种仇富的心理。尤其是弱势群体，随着自身利益的不断边缘化，社会挫折感日渐增强，很容易产生心理失衡，进而采取非制度化的表达方式发泄对社会的不满，破坏社会秩序，危害社会安全。

(2) 文明和道德的二律背反，使人们在社会转型期很显无奈。

在这一时期，物质文明得到了空前的发展，但传统道德却越来越没有得到传承，甚至落到沦丧的地步。在网络强有力的冲击下，中华民族传统美德开始迷失，人们精神生活危机重重，个人主义和享乐主义在社会上很有市场，损公肥私、损人利己的行为比比皆是。很多人为富不仁，缺乏起码的同情心和怜悯感，不顾一切地追求物质上的刺激，不顾一切地聚敛财富，却丧失了起码的为人之道、立世之本。他们在物质上财富越多，在精神上却越感到空虚，甚至迷失了自我。

其实，社会的转型是一种正常的新陈代谢，但同时也给人们带来了不小的阵痛。社会的发展就是新的替代旧的，不断地由先进替代落后，不断地在否定之否定中前进。当代中学生正处于社会的转型时期，那么必定会要舍弃一些，扔掉一些东西，这些都是需要勇气的。而且，新的形势必然会带来一些新问题，比如，网络环境下人的发展问题，钢筋水泥森林阻碍下的和谐人际关系建立问题，等等。

当“无奈、无助、困顿、迷茫”逐渐成为现代人真实心理写照时，作为社会最活跃群体的我们必然要率先用自己实际行动来努力改变。100 多年前，我国近代杰出的资产阶级启蒙思想家梁启超先生说：“故今日之责任，不在他人，而全在我少年。少年智则国智，少年富则国富，少年强则国强，少年独立则国独立，少年自由则国自由，少年进步则国进步。”100多年后，面对社会转型带来的阵痛和严峻现实，我们应该付出加倍的努力，应该成为当今社会的真正主人。

2. 学会追忆，珍惜光阴

很久以前，孔子曾经站在江边，深情地告诉后人“逝者如斯夫，不舍昼夜”。后来，人们慢慢发现：如流水一般一去不复返的是时间；如时间一般一去不复返的是曾经的那些人和事，是那如流水一般的年华。时间过去就过去了，年华过去就过去了，这一切不会也不可能再复返。其实所有人都知道：“时光倒流”只是人们的心理愿望；“破镜重圆”只是人们的美好祝福；“时间隧道”只是人们的科学幻想。一切曾经的人和事，一切曾经的时光，一切曾经的年华，都只是我们的一种经历，一种曾经的历程。有多少往事可以重来？没有任何往事可以重来。往事也好，时光也好，年华也好，只能用来追忆和缅怀。中学生要学会追忆、学会珍惜，纵使我们曾经经历的年华还很少，但是“追忆似水年华”不仅仅是普鲁斯特一个人的事。

我们中学生只有学会了追忆和反省自己的曾经、过往，才能真正懂得对时光的珍惜；才能真正感触到“一寸光阴一寸金，寸金难买寸光阴”；才能真正体会到沉迷网络的危害。在网络社会中，抗干扰、抗诱惑的能力尤其重要。我们应该把自己的全部精力和心血投入到对知识获取、能力提高、素质完善的学习当中去，学会自我反省、自我控制、自我修养和自我完善，“莫等闲，白了少年头，空悲切”。

3. 网络社会中我们保持清醒头脑的重要意义

（1）只有保持清醒头脑，我们才能更好地应对“社会转型”带来的阵痛。

社会的转型既意味着社会发展的加速，也意味着社会变化的加剧。在社会转型的过程中，一些不适应生产力发展水平的社会体制、管理模式，乃至人的思维方式，不得不被割舍、摒弃，而这其中曾经为人们社会生活带来过美好和快乐的种种，早已被人们所接受并习惯，从而导致这种“告别”总是一种满含热泪的眷念。也就是这种新与旧的纠缠、交锋和更替，往往让人们尤其是处于青少年阶段的我们感到无可奈何、无所适从。在这种情况下，在这种社会转型阵痛中，我们保持清醒头脑就更显重要。

（2）只有保持清醒头脑，我们才能更好地排除干扰，集中精力，提高效率。

在网络社会中，青少年学生需要不断提高自身能力，尤其是适应力、判断力和自制力来适应网络带来的风云变幻，以期更好地完成自己的学业。而无论是适应力、判断力还是自制力的提高，都需要我们始终能保持清醒头脑学习生活。因为我们只有保持头脑清醒，才能更好地排除网络社会各种不良因素的干扰、拒绝各种不良网络事物的诱惑，专心致志、聚精会神，认真学习、充实生活，提高学习的效率和生活的质量。

(3) 只有保持清醒头脑，我们才能更好地学会沉思、学会追忆、学会反省。

保持清醒头脑，可以使我们在日益快速的生活节奏中和近乎混沌的生活局面下，不随波逐流、不盲从模仿，既能逐渐形成自己的“主见”，又能时常怀揣一种冷静、深刻的思考，在坚守自我中，逐渐地成熟。保持清醒头脑，对于理性思考的展开尤为重要，无数事实证明，任何一次对于宇宙生命的哲思睿智，任何一次对于人文思想、人性光辉的思考、拷问、感悟、撞击，都需要清醒的头脑。也只有在头脑清醒的状况下，处于人生起步阶段的我们，才能学会深沉的思考，才能深感时光的匆匆，学会对自己过往的追忆反省，学会对这只有一次的青春的眷念。

总之，网络的高速发展，网络操作技术的迅速普及，使电脑走进了更多中学生日常的学习生活，成为了我们最重要的学习生活工具。网络一方面为我们的全面发展、个性塑造提供了巨大空间和广阔舞台，另一方面又冲击着我们已逐渐习惯了的学习生活，给我们带来了前所未有的冲击和挑战。在网络社会中，作为身心发育还欠成熟的我们，只有时刻保持清醒头脑，才能够更好地应对网络社会的瞬息万变，更好地在网络社会中学习和生活。

小结

1. 当物质文明得到空前的发展时，传统道德却越来越没有得到传承，甚至落到沦丧的地步。这就是文明和道德的二律背反。

2. 网络社会中，我们只有时刻保持清醒头脑，才能更好地适应社会，更好地学习和生活。

相关链接

中学生处理学习与休息关系的方法

方法之一：节奏分明地处理学习与休息的关系

第一个方法，就是一定要节奏分明地处理学习和休息的对比与交替。同学们千万不要这样学习：我这一天就是复习功课，然后，从早晨开始就好像在复习功课，书一直在手边，但是效率很低，同时一会儿干干这个，一会儿干干那个。十二个小时就这样过去了，休息也没有休息好，玩也没玩好，学习也没有什么成效。或者，你一大早到公园念外语，坐了一个小时或两个小时，散散漫漫，说没念也念了，说念了却跟没念差不多，没有记住多少东西。这就是学习和休息、劳和逸的节奏不分明。正确的态度是，应节奏分明地处理学习与休息的关系。从现在开始，集中一小时的精力，背诵80个英语单词，尝试着一定把这些单词记下来，学习完了，再休息，再玩耍，当需要再次进入学习的时候，又能高度集中注意力。这叫张弛有道。一定要训练这个能力，永远不要熬时间，永远不要折磨自己，一定要善于在短时间内一下把注意力集中，高效率地学习。要这样训练自己：安静的时候，像一棵树；行动的时候，像闪电雷霆；休息的时候，流水一样散漫；学习的时候，却像军事上实施进攻一样集中优势兵力。这样的训练才能使自己越来越具备注意力集中的能力。

方法之二：空间清静

第二个方法，非常简单，当你在家中复习功课或学习时，要将书桌上与你此时学习内容无关的其他书籍、物品全部清走。在你的视野中，只有你现在要学习的科目。这种空间上的处理，是你训练自己注意力集中的最初阶段的一个必要手段。同学们常常会发现这样生动的场面，你坐在桌子前，想学数学了，这儿有一张报纸，本来是垫在书底下的，上面有些新闻，你止不住就看开了，看了半天，才知道我是来学数学的。一张报纸就把你牵挂走了。或者本来你是要学习的，桌子一角的小电视还开着呢，看着看着，从数学王国出去了，到了张学友那儿了。这是完全可能的。甚至可能是一个小纸片，上面写着什么字，看着看着又想起一件事情。所以，作为训练自己注意力的最初阶段，做一件事情之前，首先要清除书桌上全部无关的东西，然后，使自己迅速进入主题。如果你能够做到一分钟之内没有杂念，进入主题，你就了不起。如果你半分钟就能进入主题，就更了不起。如果你一坐在那里，十秒、五秒，当下就进入，那就是天才，那就是效率。有的人说，自己复习功课用了四个小时，其实那四个小时大多数在散漫中、低效率中度过，没有用。反之，你开始学习，一坐在那里，与此无关的全部内容置之脑外，这就是高效率。

方法之三：清理大脑

第三个方法，就是清理自己的大脑。收拾书桌是为了用视野中的清理来集中自己的注意力，那么，你同时也可以清理自己的大脑。经常收拾书桌，慢慢就会有一个形象的类比，觉得自己的大脑也像一个书桌一样。大脑是一个屏幕，那里面也堆放着很多东西，将在自己心头此时此刻浮光掠影活动的各种无关的情绪、思绪和信息收掉，在大脑中就留下你现在要进行的科目，就像收拾你的桌子一样。同学们，这样的训练希望你们从今天开始就要做，它并不困难。当你将思想中的所有杂念都去除的时候，一瞬间你就进入了专一的主题，你的大脑就充分调动起来，你才有才智，你才有发明，你才有创造，你才有观察的能力、记忆的能力、逻辑推理的能力和想象的能力。如果不是这样，你坐在那里，十分钟之内脑袋瓜里还是车水马龙，还是风马牛不相及，还是天南海北，那么这十分钟是被浪费掉的。再有十分钟，不是车水马龙了，但依然是熙熙攘攘的街道，又十分钟过去了。到最后学习开始了，难免三心二意，效率很低。这种状态我们以后不能再要了，要善于迅速进入自己专心的主题。

思考与讨论

请根据你的社会生活实际，结合上述知识谈谈中学生保持清醒头脑生活包括哪些方面。

三、遵守社会主义道德

提示

1. 道德主要具有调节、教育和认识三大功能。

2. 我们要遵守“爱国守法、明礼诚信、团结友善、勤俭自强”的基本道德规范。

1. 道德的定义

道德是指一定社会经济关系所决定的，以善恶评价为标准的，依靠社会舆论、传统习俗和人们的内心信念来维系的，调整人们之间以及个人与社会之间关系的行为规范的总和。

道德本质上是一种社会意识形态，是一种实践精神，是人类把握世界的特殊方式，是人类完善自身的活动。

道德是做人的根本，它在规范人们的日常行为，调整个人与他人、个人与社会之间的关系，唤醒人们的良知和责任感，倡导优良风尚，净化社会环境等方面，具有极为重要的作用。

2. 道德的功能

道德主要具有调节、教育和认识三大功能。

（1）道德的调节功能。

表现为内心的信念、舆论和传统习俗对人们社会行为的约束或激励。道德评价是道德调节的主要形式，社会舆论、传统习惯和内心信念是道德调节所赖以发挥作用的力量。如每年的“感动中国人物”评选，就是依靠社会舆论来发挥道德调节的作用。

（2）道德的教育功能。

是指道德能够通过评价、激励等方式，形成社会舆论、社会风尚，树立道德榜样，塑造理想人格，培养人们的道德观念和道德境界，并指导人们的道德行为。如组织中学生观看“＊＊＊事迹报告会”，就是在发挥道德的教育功能。

（3）道德的认识功能。

表现为道德反映自己的特殊对象，即个人同他人、个人同社会的利益关系，主要通过道德判断和道德意识来实现，可以预测社会和人类发展的前景，同时获得个人在道德上的感受，了解人生价值和意义，指导个人不断完善自我。如中学生自觉地使传统美德得到传承，就是道德在发挥它的认识功能。

3. 社会主义道德体系

道德是一定的行为规范的总和，任何道德要求都表现为一定的道德原则和道德规范，社会主义道德也不例外。一定的道德规范是一定的社会关系和社会生活秩序、生活方式的体现，是一定社会存在的反映。在社会主义条件下，必然形成体现其社会秩序要求的道德规范及规范体系。《公民道德建设实施纲要》中明确指出：“社会主义道德建设要坚持以为人民服务为核心，以集体主义为原则，以爱祖国、爱人民、爱劳动、爱科学、爱社会主义为基本要求，以社会公德、职业道德、家庭美德为着力点。”这段话是对社会主义社会的道德规范体系的高度概括。作为中学生，我们不仅应遵守社会主义社会的基本道德规范，还应遵守治学道德、科学道德、网络道德等校园道德规范。

（1）为人民服务是社会主义道德的核心。

为人民服务是中国共产党的根本宗旨，也是中国共产党长期提倡的一种高尚道德。中国共产党人在长期的革命和建设实践中，为人民的利益英勇奋斗，甚至不惜牺牲自己的生命，形成了全心全意为人民服务的革命精神和道德风尚。

（2）集体主义是社会主义道德的基本原则。

集体主义原则包含着互相联系、相辅相成的三个方面：一是集体利益高于个人利益；二是重视和保障个人的正当利益；三是促进集体和个人的不断完善。以集体主义原则进行社会主义道德建设，是社会主义基本制度的客观要求。

（3）“五爱”是社会主义道德的基本要求。

社会主义道德的基本要求就是爱祖国、爱人民、爱劳动、爱科学、爱社会主义。这也是每个人必须承担的道德责任。它同道德的基本原则及具体的道德规范融为一体，贯穿于社会主义道德的各个领域。它的内涵既丰富又生动具体。

（4）“三德”建设是社会主义道德建设的着力点和主要内容。

“三德”建设即社会公德、职业道德和家庭美德建设，是社会主义道德建设的着力点和主要内容。

4. 中学生应该遵守的社会主义道德

（1）我们要遵守“爱国守法、明礼诚信、团结友善、勤俭自强”的基本道德规范。

①爱国守法。

一方面要求我们有民族自尊心和自信心，热爱自己祖国的土地、人民、语言、文化、优良传统，珍视自己祖国的光荣历史，关心社会主义祖国的命运并为社会主义祖国的现代化而努力奋斗。另一方面要求我们遵守国家的宪法和法律，遵守各项社会的行为规范，增强法制观念，坚持法律面前人人平等的原则，事事处处按原则办事，勇于承担责任。我们青少年学生从来就不缺乏强烈的爱国主义热情，如2008年3月14日以来，许多中学生对藏独分子表示出来的强烈抗议，就表现出了强烈的爱国主义情感。此外，我们还要把爱国主义和爱社会主义结合起来，把爱国主义和遵纪守法结合起来。

②明礼诚信。

一方面要求我们继承中华民族的传统美德，讲究文明礼貌，塑造美的心灵，陶冶高尚情操，在社会活动中遵守秩序、助人为乐；在学习生活中团结协作、谦虚谨慎；在个人形象上仪表整洁、谈吐文雅。另一方面要求我们对人民诚实守信，全心全意为人民服务，说老实话、做老实事、当老实人，言行一致、说到做到、表里如一，不搞两面派。

③团结友善。

一方面要求我们在交往中平等待人，在生活中善于相处；另一方面要求我们在感情上对人民群众富有同情心、充满爱心，关心人民群众的安危冷暖，与人民群众建立深厚的友谊。2008年5月12日，四川汶川大地震后，许多中学生自愿捐款捐物、无偿献血，这就是团结友善的表现。

④勤俭自强。

一方面要求我们在思想上明确我们仍将长期处于社会主义初级阶段，国家还没有完全摆脱贫穷落后的面貌，在生活中要勤俭节约，反对铺张浪费，提倡艰苦奋斗的精神，吃苦在前、享乐在后、以苦为乐、与民同乐。另一方面为了改变落后状况我们要充分发挥主观能动性，挖掘自己的内在潜力，刻苦钻研、不懈学习、有所作为、有所创新。但我们中也有不少人缺乏勤俭自强精神，奢侈浪费现象时有发生。如中学生好逸恶劳、上学打的士、乱用零花钱、追求名牌等畸形消费，也时常见诸报端。

我们还应遵守“脚踏实地、胸怀天下、勤学多思、求实奋发、自尊自立、勇于创新、品学兼修、报效中华”的规范。当代中学生生逢盛世，肩负着全面建设小康社会，实现中华民族伟大复兴的历史使命，是社会主义现代化建设的主力军和推动者。因此，我们既要胸怀天下，又要脚踏实地；既要勤学多思，又要求是奋发；既要自尊自立，又要勇于创新，最终实现品学兼修、报效中华。

（2）我们应该遵守校园道德规范。

在校园生活中，我们要以学为主，在遵守社会道德的同时，也应该注意遵守治学道德、科技道德、网络道德等校园道德的具体规范。

①治学道德方面。

当今社会知识剧增和知识更新的步伐加快，现在大约 3 至 5 年知识总量就要翻一番。知识犹如海洋，学无止境，我们应谨记“知之为知之，不知为不知”和“谦受益，满招损”的古训，以一种虚怀若谷的态度来对待学习。同时，学习是老老实实的事情，来不得半点虚假，我们要坚守信念，克服浮躁情绪，反对抄袭剽窃，反对考试作弊。在治学过程中我们应遵守“虚心好学、求实创新、恪守诚信”的道德规范。

②科技道德方面。

科学技术如同网络一样也是人类社会的一柄双刃剑，既能造福，也能为祸。现在科技伦理问题越来越突出，其核心问题是，科学技术进步应该是服务于人类，服务于世界和平、发展与进步的崇高事业，而不能危害人类自身。正是在道德责任感的驱动下，许多科学家反对把科技用于残杀无辜的人民，坚持科技向善的道路。科学家的这种道德正义感是值得我们中学生学习的。因此，我们要树立“坚持真理、崇尚科学、密切协作”的道德规范。

③网络道德方面。

我们要遵守宪法的基本原则和相关法规的规定，不散布、传播谣言，不浏览、发布不良信息；弘扬优良民族文化，遵守网络道德规范，诚实友好交流，不侮辱、欺诈和诽谤他人；维护公共网络安全，不制作、传播计算机病毒，不非法侵入计算机信息系统，自觉维护网络秩序；正确运用网络资源，善于网上学习，不沉溺于虚拟时空，保持身心健康；增强自我保护意识，不在网上公开个人资料，不随意约见网友，不参加无益于身心健康的网络活动。

小结

1. 为人民服务是社会主义道德的核心。

2. 一定的道德规范是一定的社会关系和社会生活秩序、生活方式的体现，是一定社会存在的反映。

3. 中学生应该遵守治学道德、科技道德、网络道德等校园道德的具体规范。

相关链接

人民时评：网上不吐脏字是多高的要求吗?

最近与一些网友聊起“文明办网、文明上网”，有一种比较强烈的感触，不少人对网上不吐脏字的要求不以为然。他们觉得网上就是个随意发泄的地方，人们在现实生活中累积了不良情绪，正好通过网络这个虚拟的世界、通过上网匿名发言得到释放，因此网络脏口就不可避免。还有人说，网民多属于草根阶层，就像乡村老百姓一样，“口头语”（脏口）成了习惯性的表达方式，让他们不吐脏字太难啦，因此不能像看待文明绅士一样要求过高。更有人说，不必介意网络脏口，应该关注的倒是脏话背后所表达的情绪和民意。总之，一个相当普遍的看法：网上不吐脏口似乎成了过高的要求。

网上不吐脏字难道真的是多高的要求吗？依我看未必。应该说，经常上网的人不大可能是文盲或半文盲，热衷于网上发言的都具有一定的文化素质。既然是文化人，就更应该讲文明礼貌，不能像大字识不了一箩筐、尚未文明开化的人一样张口闭口污言秽语，更何况你在网上跟帖留言、评论，并不像平时口语表达那样随意、那样不假思索，由想法转换成文字，多了一层思考，也就更易于自我控制，所以就更应该不吐脏字，也更容易做到。因此，网络脏口并非不治之症，而是一种不难克服的坏习惯；网上不吐脏字，应该是“文明上网”的基本要求。

之所以网络脏口恶习成风，其中一个原因是匿名发言导致不负责任，使任意宣泄、胡作非为成为可能。还有一个原因就是多年来大家对网络脏口不当回事，以至于成了见多不怪，习惯成自然了。因此，只要拨正社会舆论、网络舆论的航向，营造有利的社会环境和舆论环境，使网络脏口成为过街老鼠人人喊打，再辅之以必要的强制措施、技术手段，就能全面封杀网络脏口，彻底改变一些人中存在的这不良网络习惯。

对网络脏口，我深恶痛绝。实际上，这些网络脏口爱好者，在伤害别人的同时，也影响了自己表达的效果，反而误事。比如有些人因为大逞网络脏口，成为众矢之的，连连遭人痛斥；还有些人不以为耻，反以为荣，愈发陶醉其中，至今还执迷不悟，在“文明办网、文明上网”已经蔚然成风的形势下，对自己的网络脏口“绝技”恋恋不舍，还阴阳怪气地讽刺“文明办网、文明上网”。诸如此类反面典型，确实值得好好解剖。

网上不吐脏字，有话好好说，有理耐心讲，这是“文明上网”的起码要求。这个要求并不算高，如果连这都做不到，我劝这些人还是返读小学低年级甚至幼儿园，让那里的老师好好给补习一下文明礼貌课程吧。

（摘自2006年5月8日人民网）

思考与讨论

为什么说，遵守社会主义道德是网络社会中学生个人修养的首要内容?

四、养成良好的习惯

提示

1. 习惯一定是行为，而且是稳定的、甚至是自动化的行为。

2. 习惯形成性格，性格决定命运，习惯的培育与养成，对于一个人，尤其是对于我们中学生健康成长来说，有着巨大的意义。

3. 良好的习惯为健康人格确立打下了牢固的基础。

1. 习惯的定义

人们可以用一个简单的定义来阐述：习惯就是人的行为倾向。也就是说，习惯一定是行为，而且是稳定的、甚至是自动化的行为。用心理学的话来说，习惯是刺激与反应之间的稳固链接。坏习惯是一种藏不住的缺点，别人都看得见，自己看不见，因为习惯就是一种自动化的行为，潜意识表现的行为，并不一定是自己希望的行为。我们每个人身上有很多好的习惯，也一定有些不好的习惯。

所以有人开玩笑说，成功从脱鞋开始。实际上就是从好的习惯开始。

我们可以发现根深蒂固的习惯，不好的和好的，几乎都跟教育有关，但是我们却越来越忽略这些问题。家长太重视孩子的功课怎么样，分数怎么样，名次怎么样，实际上一个人的习惯怎么样可能更重要。

俄罗斯教育家乌申斯基认为："任何一种习惯都是反射行为，行为的习惯性有多深，它的反射性就有多大。哪里有习惯，哪里就有神经系统在工作。神经体不仅可以有天赋的反射，而且在活动的影响下也有掌握新的反射的能力。"也就是说行为的习惯性越深，反射性就越强，习惯是刺激与反应的稳固链接。所以当人们看到孩子有不良习惯的时候，你就想到是他的神经系统在工作，很顽强地表现出来。但是，这个神经不仅可以有天赋的反射，另外神经体在活动的影响下也有掌握新的反射的能力。这就是说，经过教育，经过培养，人是可以形成新的习惯、新的反射的，人是可以把握自己命运的，这就是我们要探讨的问题。

乌申斯基还说："好习惯是人在神经系统中存放的资本，这个资本会不断地增长，一个人毕生都可以享用它的利息。而坏习惯是道德上无法偿清的债务，这种债务能以不断增长的利息折磨人，使他最好的创举失败，并把他引到道德破产的地步。"概括一下就是：你如果养成了好的习惯，你会一辈子享受不尽它的利息；要是养成了坏习惯，你会一辈子都偿还不完它的债务。这就是习惯。

2. 形成良好习惯的重要性

习惯是非常重要的。美国心理学家威廉·詹姆士说："播下一个行动，收获一种习惯；播下一种习惯，收获一种性格；播下一种性格，收获一种命运。"就是说习惯可以决定一个人的命运。有了好习惯的孩子是走遍天下都可以放心的孩子，一身坏习惯的孩子会让你一生都不能放心。在平时的工作学习中，你能不能担重任，能不能让人放心，会不会办事，能力如何，恐怕都跟你的习惯有关。爱因斯坦曾经说过："什么是教育？当你把你受过的教育都忘记了，剩下的就是教育。"真正的教育是忘不掉的，一个人碰到事情的时候，不可能说"等我想想我受过哪些教育"，"老师怎么说的"，等等，那肯定不行，忘不掉的才是真正的素质。什么是忘不掉？习惯就是忘不掉的，它成为一种自动化的行为、稳定的行为，它是刺激与反应之间的稳固链接。比方说，一个人见了人就问你好；做错事，一定会道歉；办重要的事一定要确认，等等，这就是习惯。

孔子说："少成若天性，习惯如自然。"就是说小的时候养成的品行会像人的天性一样自然、坚固，长期习惯了的做法就成了自然而然的事情。

春秋战国时代，儒家和墨家是最有代表性的两个思想流派，但是有很多问题的认识是一致的。墨子最有名的关于习惯的思想就是"束丝说"："染于苍则苍，染于黄则黄，固染不可不慎也。"就是说孩子生下来就像一束白丝一样，你把它染成黑的就是黑的，染成黄的就是黄的，蓝的就是蓝的，所以说染丝不可不谨慎。对孩子的教育也是这样的道理。不同的家庭教育出不同的孩子，这跟染丝的结果是一样的。明代的思想家王廷相这样说："凡人之性成于习。"所以人们特别是青少年应该认识到习惯的重要性。

"习惯形成性格，性格决定命运"，所以也可以说习惯决定命运。良好习惯的培育与养成，对于一个人，尤其是对于我们中学生健康成长来说，有着重大的意义。

3. 继承中华民族重视习惯养成的优良传统

在中华民族的历史上有很多培养习惯的好思想、好方法、好规范。在习惯的培养当中，我们应该要重视和继承这些优良传统。

宋代有个大教育家，叫朱熹，被称为孔子之后的又一个大儒，大学问家，他为儿童和青少年的好习惯培养，专门写了《童蒙须知》。其中有这么几段，“大抵为人，先要身体端正。自冠巾、衣服、鞋袜，皆须收拾爱护，常令洁净整齐”；“凡脱衣服，必整齐折叠箧中。勿令散乱顿放，则不为尘埃杂秽所污，仍易于寻取，不致散失。著衣既久，则不免垢腻，须要勤洗浣。破绽，则补缀之”；“凡为人子弟，当洒扫居处之地，拂拭几案，当令洁净。文字笔砚，百凡器用，皆当严肃整齐，顿放有常处。取用既毕，复置元所。”

现在大家想想，在平时的学习生活中自己是否养成了这样的好习惯？对于我们中学生来说，中学阶段是养成良好习惯的关键时期、最佳时期。在真正意义上，教育的核心不是传授知识，而是培养人的健康人格，良好的习惯则为健康人格确立打下了牢固的基础。

4. 中学生习惯培养的重点与指标

联合国教科文组织指出，21 世纪教育的使命是帮助学生学会做人、学会做事、学会学习、学会共处。我国现阶段的教育方针指出，教育的目标是把中学生培养成为德智体美劳各方面全面发展的社会主义事业的建设者和接班人。这就告诉人们：在素质教育中，应该使受教育者（如我们中学生）身心和谐发展，使他们主要在思想道德、能力、身体、心理等几个方面形成一系列优良的素质。这些主要方面的素质基本上都包含在学会做人、学会做事和学会学习三个大的方面。基于以上认识，可以认为在中学生良好习惯的培养上，应该集中在三个大的方面，即：做人、做事和学习。

1999 年 6 月《中共中央、国务院关于深化教育改革 全面推进素质教育的决定》中要求：“按照德育总体目标和学生成长规律，确定不同年龄阶段的德育内容和要求，在培养学生的思想品德和行为规范方面，要形成一定的目标递进层次。”2004 年 2 月 26 日，中共中央、国务院发布了关于进一步加强和改进未成年人思想道德建设的若干意见，明确提出，未成年人思想道德建设的四项主要任务之一是从规范行为习惯做起，培养良好道德品质和文明行为。

经过反复论证，可以认为做人的核心是拥有爱心；做事的核心是遵守规则；学习的核心是勇于创新，而这就是人格化习惯的三大原则、三个重点。在每一个重点下面又有四个具体的指标，人格化习惯需要确立这一系列具体指标。这些指标包括：

（1）做人：真诚待人、诚实守信、认真负责、自信自强。

（2）做事：遵守规则、讲究效率、友善合作、合理消费。

（3）学习：主动学习、独立思考、学用结合、总结反思。

老子说：“天下难事，必作于易；天下大事，必作于细。”因此，在日常的生活中，我们应积极从这 12 个指标入手进行一系列好习惯的培养，有侧重地进行重点突破，这样必定能成就一番大事业。

5. 中学生日常生活良好习惯

（1）生活方面的习惯。

勤俭的生活习惯：保持艰苦奋斗的作风，不铺张浪费。

良好的睡眠习惯：养成“早睡早起”的习惯，每天要保证 10 个小时以上的睡眠。

科学的饮食习惯：不挑剔、不偏食，警惕“营养不良”和“营养过剩”。

健康的卫生习惯：注意个人卫生，牢记“病从口入”；多参加劳动，爱劳动讲卫生。

（2）学习方面的习惯。

看书的习惯：时刻注意看书时的用眼卫生，养成边看书边记读书笔记的习惯。

写字的习惯：始终保持端正的写字姿势，练好一手工整、清晰、隽永的字。

预习和复习的习惯：养成学习新知识前先预习，做家庭作业前先复习的习惯。

应考的习惯：端正考试态度、明确考试目的、调节应考的心态。

6. 我们应养成良好的上网习惯

网络社会中，养成良好的上网习惯，对我们健康成长是必不可少的，这些良好的上网习惯包括：不沉浸于网上聊天、网络游戏等虚拟世界；不浏览、制作、转播不健康信息；不使用侮辱、谩骂语言聊天；不轻易和不相识的网友约会；尽量看一些和自己的日常学习生活有益的东西并且一定要注意保持自制力；在上网之前，拟个小计划，把要做的事情先写下来，一件一件地去做。

同时，我们要在学校和家长的教育引导下，在感性与理性认识相结合中学会5个拒绝：

（1）拒绝不健康心理的形成；

（2）拒绝网络侵害；

（3）拒绝不良癖好、不良行为；

（4）拒绝黄色、暴力的毒害；

（5）拒绝进入营业性网吧。

总之，我们要自觉遵守互联网道德规范，自觉抵制不良网络信息的侵蚀，自觉遵守《全国青少年网络文明公约》，促进自身健康全面发展。

小结

1. 中学生做人的核心是拥有爱心；做事的核心是遵守规则；学习的核心是勇于创新。

2. 中学生应养成良好的上网习惯。

相关链接

学生习惯养成当成为素质教育之基本

我曾经读过一首名为《钉子》的小诗：

丢失一个钉子，坏了一只蹄铁；
坏了一只蹄铁，折了一匹战马；
折了一匹战马，伤了一位骑士；
伤了一位骑士，输了一场战斗；
输了一场战斗，亡了一个国家。

刚刚读到这首小诗，我还真没觉得一个钉子能与一个国家有什么关系，又读小诗时，才发现诗里寓含着一个宏大的哲理，那就是：要想成功必须从小事做起，而良好习惯的养成也是这样。唯有从小事做起，才能养成良好的习惯，而良好的习惯会让我们受益一生，因为习惯决定命运。我们再读汪中求的《细节决定成败》，更是为其中的习惯养成之重要深受启发。人们渴求上天赋予自己高智商，喜欢拥有大智慧，却往往忽略了最大的智慧恰恰是貌似不起眼的良好习惯。

1988 年，75 位诺贝尔奖获得者在巴黎聚会，在会议期间，有人问一位诺贝尔奖获得者：

“您在哪所大学、哪个实验室学到了您认为最主要的东西呢?”

“是在幼儿园。”

“您在幼儿园学到了些什么?”

“把自己的东西分一半给小伙伴们；不是自己的东西不要拿；东西要放整齐；吃饭前要洗手；做错了事情要表示歉意；午饭后要休息；要仔细观察周围的大自然。从根本上说，我学到的全部东西就是这些。”

这段对话是耐人深思的。从幼儿园学到的东西，直到老年时还记忆犹新，可见留下的印象是非常深刻的。这也说明从小养成的习惯会追随人的一生。

作为一名教师，尤其是在做了教育管理工作后，经常在反思自己的教育行为，我的起早贪黑，我的兢兢业业，我的苦口婆心，到底给了学生什么？回头一看，不过是听说读写的一些记忆与训练罢了。学生将来会因这些听说读写的本领而受益吗？我这些年来所谓的教书育人是不是随波逐流呢？想来很是惭愧。由中国青少年研究中心完成的课题——“少年儿童良好习惯的调查研究”的结果显示，当今少年儿童有7大不良习惯：喜欢依赖别人；任性，做事经常以自我为中心；害怕承担责任；在交往中容易伤害别人；不爱劳动；在消费中，盲目、攀比、炫耀；学习不爱刻苦钻研，常常被动学习。根据我的观察，学生不良习惯的具体表现有以下几种：贪图享受，不愿吃苦，甚至连背书包、做值日和走路都懒得去做；读写姿势极其不正确，屡教不改，对其造成的危害视而不见；不爱护书本和公共财物，甚至以损毁为荣；在公共场合大声喧哗，丝毫不顾及别人的感受；不敬老；等等。我经常在扪心自问，这难道就是我们在大力倡导素质教育形势下教书育人所造就的人才吗？

在4年前，我就把学生的读写姿势和书写规范变成了考试内容之一，以此把所有的任课老师绑在了学生学习习惯养成的战车上，试图用强势来逼迫学生养成一个良好的学习习惯，但收效不大。我曾经写过一篇文章《举手之劳我们却没有做好》，呼吁广大同行要关注学生如何做好值日生，如何更正不正确的写字姿势，降低学生近视率。2006年，我又把台湾一所中学实行的“动静分明，内外有别”的校训，移植过来变成规范学生行为习惯的管理办法。在中学部推行“学生义工”，号召中学生利用节假日进行社会公益劳动，以达到从小修身的目的。因为从十几年的教学经历中，我认为应该从8个方面来培养学生习惯，才是实施素质教育的基本所在。行为习惯：①坐立吃行，②待人接物 ，③合作帮助，④卫生保健；学习习惯：①读写姿势，②学习动力，③学习策略，④学习实践。

（摘自2008年10月26日新浪“wyw教育教学”博客文章，作者：佚名）

思考与讨论

你养成了良好的上网习惯吗？如果没有，请赶快行动！因为良好习惯的养成对生活在网络社会的中学生尤为重要。

五、保持本色、守望自我

提示

1. 人们常说的“童言无忌”、“童心可贵”，很好地表明了一个人保持“赤子之心”的难能可贵。

2. 一方面，人文思想要求每个人尤其是我们当代中学生要“保持本色、守望自我”；另一方面，“保持本色、守望自我”的过程能够更好地体现和贯彻人文思想。

3. 广大中学生的发展、成长，就是“保持本色、守望自我”的发展、成长，这是我们作为人的发展、成长最根本的要求。

4. 人的发展，是人类社会发展的根本，对人性的坚守和自我的守望，是人发展的出发点和落脚点。

1. “保持本色、守望自我”的丰富内涵

(1)“童心说”与“赤子之心”。

“童心说”为生活在明朝万历年间的我国古代著名的哲学家李贽所倡导。“绝假还真、真情实感”是“童心说”思想的核心。“童心说”主张一个人的文学创作、思想主张要“绝假还真”、抒发己见，而不随波逐流、人云亦云。它体现出对真理的执著追求和对科学的实践精神，值得生活在当今社会的人们尤其是我们中学生更好地继承和发扬。

李贽认为“童心”就是“真心”，就是“赤子之心”，一个人保持“童心”，是他生活的根本。人们常说的“童言无忌”、“童心可贵”，很好地表明了一个人保持“赤子之心”的难能可贵。一个人如果保持了“赤子之心”，就会对人世间的真善美不懈地追求；就会对社会的正义、人生的真谛、生命的价值不懈地维护、探求、追问；就会对自我个体精神慰藉、精神弥足和精神皈依的渴求更加迫切，对自我“精神家园”追寻往往甚于自我物质利益的满足。

当前的网络社会，经济迅猛发展，物质生活不断富足，愈发体现出一个人保持“赤子之心”的重要。如何在网络环境下，面对网络的不断冲击与挑战，始终保持一颗“赤子之心”，将成为我们广大中学生横亘一生的人生考验。为了应对这种人生考验，我们必然要“保持本色、守望自我”。

(2)“保持本色、守望自我”包含着人文思想。

人文精神是一种主张以人为本，重视人的价值，尊重人的尊严和权利，关怀人的现实生活，追求人的自由、平等和解放的思想行为。它是欧洲文艺复兴时期的主要思潮，反对宗教教义和中古时期的经院哲学，提倡学术研究，主张思想自由和个性解放，肯定人是世界的中心。

作为现代人文思想，它包括三个方面内容：

第一，“人本观念”，即“人本位”。

人是社会的中心，人是衡量社会的尺度，“本位”即标准，人是衡量一切的标准。当代中国共产党人提出的“三个代表”重要思想，为了一切人民，一切为了人民，为了人民的一切，既是“人民当家作主”精神的体现，更反映出一种“人本观念”。

第二，“个人观念”，即承认和尊重个人的哲学观念。

这是针对“君王主义”或“君本位”而言的。在当代社会，“个人观念”集中体现在“人权”中，它包括：人权是指个人的权利；人权是生存权、自由权和财产权三者不可分离的权利；人权是不可代替的，也是不可代表的。

第三，“自由观念”，即“政府的唯一宗旨是保护个人创造财富和享受幸福的自由”。

“自由观念”，同时是指“每个人”的自由，只有尊重他人的自由，才能有自己的自由，争取自己的自由，决不损害他人的自由。

由此可见，一方面，人文思想要求每个人尤其是我们中学生要“保持本色、守望自我”；另一方面，“保持本色、守望自我”的过程能够更好地体现和贯彻人文思想。

（3）“保持本色、守望自我”具备着人本精神。

人文精神的核心是人本精神，即“以人为本”。人本精神的主要内容，就是以人为中心，一切为了人，一切依靠人。人本精神又称为人本思想或人本主义。尊重人的自由、平等，发展人的个性，促进人的全面协调进步，确立以人为核心的价值理念和意识形态是人本主义，也是人本精神的实质内涵。

由此可见，“保持本色、守望自我”就是在贯彻和实行人本精神。保持本色，是要保持作为人的本色；守望自我，是要保持人的自我，这是任何社会个体发展、完善的必由之路和根本要求。在当今网络社会中，所有人尤其是我们中学生的发展、成长，就是“保持本色、守望自我”的发展、成长，这是我们作为人的发展、成长最根本的要求。

（4）“保持本色、守望自我”洋溢着人性光辉。

网络给人类带来的最大威胁就是人类自我的迷失，人性尊严被亵渎和践踏，因此，只有“保持自我、守望自我”，才能时时保持住人性尊严，而不至于在网络迅猛发展和强劲冲击下，忘记了“你是谁”和忽视了对人性尊严的坚守。可以说，一个人“保持本色、守望自我”的过程中，将始终洋溢着人性光辉。

人的发展，是人类社会发展的根本，对人性的坚守和自我的守望，是人发展的出发点和落脚点。每一个人尤其是我们中学生，一定会在不断的“保持本色、守望自我”的进程中，感喟更多弥足珍贵的人心善良、人情温暖和人性光辉。

2. 网络社会中我们中学生“保持本色、守望自我”的重要意义

(1)“保持本色、守望自我”体现了当代中国的时代精神。

当代中国的时代精神是与时俱进、勇于创新。改革开放30年来的实践证明，只有与时俱进、勇于创新，才能推动中国特色社会主义建设事业的不断发展，加快中华民族伟大复兴的历史进程，道路虽然有点曲折，但是前途充满着无限光明。中国特色社会主义社会的不断发展，归根结底是人的不断发展、不断完善。我们中学生“保持本色、守望自我”的不断发展，始终与时代的发展同步，它既反映出时代的要求，又体现着时代的精神。这种保持和坚守应该与社会的发展与进步同步，社会的发展、进步也不断给这种保持和坚守提出新的要求，使我们在这样的保持和坚守中始终把握时代的脉搏、顺应时代发展的潮流。

(2)“保持本色、守望自我”突出了网络社会的要求。

网络社会的特征体现在社会知识更新的迅速和社会信息传播的便捷，这就对我们的能力、素质提出了更高的要求，这就对我们认识网络、利用网络提出了更高的要求，也对生活在网络社会的我们“保持本色、守望自我”提出了更高的要求。网络社会需要的是知识全面、特长突出的人才，需要的是有广泛社会阅历和完整社会知识结构的人才，这就意味着它对人发展的要求很高，对我们成为合格的中国特色社会主义建设者和接班人的要求很高。在丰富的社会生活中，我们要不断地充实自我而不迷失自我，要更好地掌握和利用网络工具而不沉溺网络。在网络社会中，只有不被网络“物化”、“奴化”的人才是真正身心健康、人格健全的人。所以说，“保持本色、守望自我”突出了网络社会对我们的要求。

（3）“保持本色、守望自我”强调了我们自身发展的要求。

在网络社会中，我们自身发展的要求包括健康成长、全面发展、个性突出、人格健全四个方面。我们要健康成长，就必须不断地学习知识、提高能力、完善素质、健康身心。只有这样，我们的学习和生活才会处处充满朝气和阳光，也才能真正做到“保持本色、守望自我”。一个全面发展的中学生，应在德、智、体、美、劳各方面不断要求自己、不断提高自己，而不厚此薄彼，不有所偏废，这本身就是对自我本色的保持和坚守。我们个性的突出，就是把在自我本色中唯我独有、独一无二的方面有意识地进行培养和塑造，也就是要求我们有意识地“保持本色、守望自我”。人格健全的普遍意义在于对自我本色的保持和坚守，对自我人性的保持和坚守，所以说，人格的健全其本质就是“保持本色、守望自我”。总之，“保持本色、守望自我”强调了我们自身发展的要求，并对我们的健康成长有着重要作用和深远意义。

3. 网络社会中我们“保持本色、守望自我”的方法和途径

（1）通过积极的社会实践对真理不懈追求。

“实践是检验真理的唯一标准”，而真理是一切事物的内在规律和发展规律。真理，它客观存在，并不以人们的主观意志为转移，人们只有通过不断的、反复的社会实践，才能认识、掌握和检验真理。真理作为科学的世界观和方法论，既不断指导着人们的社会实践，又需要人们通过实践才能获得和掌握。

我们的社会学习生活，既是不断获取知识、提高能力、修养自我、完善自我的过程，又是不断进行社会实践的过程。在不断的社会实践中，我们应该要有积极的态度，要有进取的精神，只有这样，我们才能不断地认识真理、掌握真理和运用真理，才能不断地成长、发展和提高。

“保持本色、守望自我”，更需要我们拥有积极进取的实践精神，更需要我们在不断的社会实践中对自我的坚守、对人本质的坚守，并在这不断的实践中，掌握更合理、更科学的“保持本色、守望自我”的方法。

（2）树立正确的世界观、人生观和价值观。

正确世界观、人生观和价值观的树立是我们当代中学生立身处世的基石，是我们社会学习生活的根本。

世界观是人对世界总的看法，正确的世界观可以帮助我们认识社会存在与社会意识的关系，认识事物矛盾和事物前进的规律以及世界发展的总趋势，对我们“保持本色、守望自我”意义深远。

为了“保持本色、守望自我”，我们还应该树立正确的人生观和价值观，确立为人民服务的人生目的、积极进取的人生态度，实现有益于人民的人生价值。只有这样，才能坚定自己的人生目的和前进方向，排除各种社会阻力，尤其是网络给我们带来的消极因素和负面影响，不断修养、不断完善自我。

（3）正确认识网络，合理利用网络。

当今的社会是以计算机网络迅速发展、电脑普遍进入人们家庭为特征的网络社会。在网络社会里，网络在逐渐成为人们最主要的学习、工作、生活工具的同时，也打破了人类社会固有的平静与惬意，给人们的社会生活带来了各种各样的冲击与挑战。

在这样的网络环境下，我们只有在家长、老师的引导下，通过自身的努力，通过对网络的正确认识和合理运用，才有可能更有效地完成“保持本色、守望自我”的人生使命。

正确认识网络，合理利用网络，就不会造成我们对网络的过度痴迷与沉溺，就不会导致我们的上网成瘾和自我迷失，对“保持本色、守望自我”有着重大的意义。

（4）不断提高自身的适应力、判断力和自制力。

适应力、判断力和自制力是网络社会中我们最重要的学习生活能力，这些能力的不断提高和逐渐完善，有益于我们身心的不断成熟。

什么是社会适应力、是非判断力和自我节制力，我们中学生如何提高这些能力，在前文中我们都作了较为详尽的探讨。它与一个人的意志有关，也决定了一个人的性格与气质。

这些能力也是我们在“保持本色、守望自我”的过程中所必须拥有的武器。我们只有当自身的适应力、判断力和自制力不断得到提高时，才能更好地“保持本色、守望自我”。

（5）关爱生命、拷问人生。

每一个人都有生命，每一个人都是鲜活的生命个体，每一个人都有自我的特色。独一无二、与众不同、关爱生命、拷问人生，是人的全部生命价值和所有人生意义的核心；是对人文的激扬、人本的坚守和人性的皈依；是“保持本色、守望自我”的中心内容。

处于青少年阶段的我们，尽管还很年轻，尽管对世界、对社会、对人生的看法还显稚嫩，但不能懈怠对人生命起源的思考，不能放松对人生命的终极关怀。

我们在色彩斑斓的网络社会中，呵护生命、尊重他人、活好自己，既是我们关爱生命、拷问人生的要求，更是我们“保持本色、守望自我”的要求。

小结

1. “保持本色、守望自我”体现了当代中国的时代精神。
2. “保持本色、守望自我”突出了网络社会的要求。
3. “保持本色、守望自我”强调了我们自身发展的要求。

相关链接

终极关怀——超越生死的基本路向

终极关怀是源于人的存在的有限性而又企盼无限的超越性本质，它是人类超越有限，追求无限以达到永恒的一种精神渴望。对生命本源和死亡价值的探索构成人生的终极性思考，这是人类作为万物之灵长的哲学智慧；寻求人类精神生活的最高寄托以化解生存和死亡尖锐对立的紧张状态，这是人的超越性的价值追求。只有终极关怀才能化解生存和死亡、有限和无限的紧张对立，才能克服对于生死的困惑与焦虑。终极关怀是人类超越生死的基本途径。

我国当代著名哲学家张岱年先生指出，古今中外的终极关怀有三种类型：⑴皈依上帝的终极关怀；⑵返归本原的终极关怀；⑶发扬人生之道的终极关怀。皈依上帝的终极关怀就是把宗教信仰作为基础，以上帝为最后的精神寄托。宗教用臆想的彼岸世界来吞没现实世界以消弭生（有）死（无）的矛盾，宗教徒蜷缩于上帝、神的阴影下希冀于彼岸世界的灵光，生死完全委付给神，生命完全屈从于神，有限的卑微的个体以与神同在、以成为上帝的仆从的方式获得无限和永生。返归本原的终极关怀就是追溯世界本原，以抽象的道来代替虚拟的上帝作为人类精神生活的最高寄托，如哲学通过建构理性世界以观照现实世界的方式来消除有限与无限的矛盾。发扬人生之道的终极关怀把道德看得比生命更高贵更重要，追求天人合一、内圣外王乃至为万世开太平成为精神世界的真正依托。这三种类型的终极关怀对生死矛盾提供的解决方式在某种程度上都是有效的，都在追索人生最高价值的过程中以不同的方式实现了生死的超越，但无疑都是抽象的。

西方哲学的终极关怀指向于彼岸神圣化的理念本体世界和现实超越的理念人生；我国哲学的终极关怀指向于此岸统释化的本然世界和现实永恒化的不朽人生；印度哲学的终极关怀指向于彼岸享乐化的真如世界和现实否定化的超度人生。而马克思主义哲学是以人为出发点，以实现人的全面发展为归宿的终极关怀人的哲学。"以人为本"始终都在马克思主义哲学视野之中，是马克思主义哲学的基本思想。在马克思主义哲学视野里，"以人为本"就是指人是现实世界之"本"、价值之"本"和历史之"本"，实现人的全面发展是其终极目标。哲学作为时代精神的精华，要服务时代，指导实践，然而，哲学智慧有寻根究底、追本溯源、反思批判的性质，哲学功能有超越时代、把握未来、终极关怀的特征。只有马克思主义哲学这种科学的世界观与方法论，才能开拓、发展人的精神世界，发挥其本体论承诺的价值目标、提升真善美的人生境界、为人类寻求精神家园的作用。

思考与讨论

请谈谈网络社会中你对保持本色、守望自我的认识并与同学们展开交流。

后记

社会的每一次里程碑式的进步，大多是以科技进步为标志的，而科技进步彰显的又是人的力量，所以说，人才是推动社会进步的核心力量。被誉为第四次工业革命的计算机网络时代也不例外。然而，在这次意义深远、具有划时代意义的科技进步浪潮中，作为万物灵长的人类在亲手创造科技进步、社会进步的同时却面临着深重的危机，尤其是那些涉世未深，心智还不太健全的青少年学生，在网络社会的熔炉中，一部分人渐渐迷失了自己，陷入被网络“奴化”的危险境地。正如一位教育主管部门的领导所说：“网络是一把双刃剑，在带给我们诸多便利的同时，把握不好也会给我们带来深深的伤害。”怎样趋利避害，最大限度地利用科技进步、社会发展来完善自己，便是摆在我们面前的一个现实问题，对青少年学生来说尤其如此。正是基于这种现状，我们编写了《网海扬帆——与中学生朋友畅行网络》一书，以期通过我们一点粗浅的认识来影响大家对这个问题的关注，同时也给青少年朋友在网络社会中更好地学习和生活提供一些帮助，为他们的健康成长、全面发展尽点绵薄之力。

本书在编写过程中，我们深入到青少年学生群体中，亲身了解、体验他们在网络社会中的学习和生活，与他们交流、谈心，掌握了大量第一手资料，同时也参考、借鉴了很多相关文献资料，特别是一些青少年思想教育专家颇有见地的关于青少年网络教育的文章、博客，在此特向相关作者、专家及各大门户网站致以真诚的谢意！同时，在成书过程中，湖南师范大学出版社的领导、专家们以及湘潭市各级教育主管部门的领导和专家也给予了大力支持和亲切指导，谨借此机会，也特向他们真诚致谢！

由于编者经验水平有限，时间仓促，不足之处，敬请专家和读者朋友们批评指正。

编　者

2009年10月20日